認知行動療法でつくる

思考・感情・行動の好循環

柔軟になる

しなやかになる

千葉大学大学院
医学研究院認知行動生理学 教授
清水栄司

法研

複雑化する世の中

いろいろと技術が進歩して
便利になって暮らしが豊かになっているはずなのに
たくさんのストレスを抱えている人が多いのはなぜなのでしょうか
昔と比べて便利になったから幸せだ
となるはずなのに…？
もちろん、そう思えることもありますが…
便利だなあ
いつでもつながれる♪
秒で用事済んだ
ストレスの原因の一つは脳と心の疲れ
情報があふれる現代社会ならではの脳と心が疲れる要因がたくさんあります
「刺激依存症」ともいえる現代人
新しい情報刺激を四六時中、脳に入れていないと気が済まない

いつでも快感を感じていたい
もっと楽しみたい
毎日お祭り状態
インフルエンサー
楽しいことがありそう
タイパ重視でスピードが速い
え、オンラインじゃダメ？
時間が惜しい
せわしない
倍速再生
ハヤイニャ
隙間時間を有効に使おう
5分でできるヨガ
1日2分で英語ペラペラ
歩きスマホ、ながらスマホ
移動時間も有効に…
情報過多もストレスにつながります
他人と比べちゃう
ズーン
情報が多すぎる
え～
結局なにが正解なの？
達人直伝
これだけは知っておきたい

世間の目が厳しくなってる気がするわ
SNSで監視されてる気がする
不謹慎!
どうかと思います
騒音じゃない
コンプラ!
危険じゃない!?
飲み会で楽しく酔って熱唱しながら帰宅♥
失敗（やらかし）はずっと残ってしまう
検索すればすぐに過去のことも見つかって、引き合いに出されてしまう
これあなた!?
ハッ
黒歴史が…
デジタルタトゥー
消せない!
うまくやらないといけない、失敗しづらい
気を張っていなければならないし
遅れをとらないようにもしなくちゃ
あー忙しい もっと時間を有効に使わなくちゃ
寝る前にあれもして、あれもやって
勉強とエクササイズと更新も…

現代は技術の進歩により
昔より物質的には豊かで
便利であるにもかかわらず
筋トレ
プロテインを飲む
花に水をやる
シャカシャカ
WHEY PROTEIN
多くの人にとっては、
情報や刺激が多すぎて
脳と心が休まらない
疲れやすい生活になっています
どんな環境でもある程度、
脳や心が疲れるのは仕方が
ないのですが…
うおおお
現代人はいわばアクセルを
踏みっぱなし
ギュイーン
オヤ
退屈で、ひまを持てあます感覚も
大切なんです
ぼうっとして、本来の
自分を取り戻す時間の
重要性が忘れられて
いることが問題かもしれません
脱輪したっっ
ガツッ
ぼ〜〜
ぼーっとする?
そんなこと許されます?
…
ぼー
脳も心も疲れがたまると
病気になってしまうんですよ
大事なところで、一時停止する
習慣をもたないと

はじめに

～心の健康を保つ好循環で、不確実性を乗り越える力を

日本は、体の健康に関しては、世界一の長寿の国で、非常に恵まれているのですが、心の健康に関しては、世界的にも低い順位で、幸福度、満足度などが低い状態です。

体の健康に良い習慣として、さまざまなスポーツやウォーキングのような運動習慣やバランスのとれた食事などを日常的に心がけている読者の方は多いと思います。一方で、心の健康に良い習慣として、何か日常的に心がけていますでしょうか？ 何をしたらよいかわからないという方のために、この本では、心の健康に良い習慣をすぐに皆さんの生活に取り入れられるよう、具体的な方法を紹介しますので、ぜひとも気に入ったものから、一つでも二つでも良いので、日常的に取り組んでみてください。

体の健康でも、「健康に気をつけなくても自分は丈夫な体を持っていると考える」→「運動をまったくしない」→「甘い物や揚げ物など、高カロリーな食事やお酒を好きなだけ飲み食いする、タバコを吸う」→「健康診断を受けない」などの悪循環で、糖尿病や高脂血症、高血圧症のような生活習慣病から、心筋梗塞や脳卒中のような重篤な体の病気につながるということは、容易に想像できると思います。心の健康でも、自分は何をしてもダメだと考える→楽しい趣味をする気にならない→一人で閉じこもる→誰にも相談しないなどの悪循環で、軽症のうつ病から、重症のうつ病につながっていくのです。

悪循環を好循環に変える方法として、「認知行動療法」があげられます。認知行動療法は、精神科、心療内科の臨床現場で、うつ病や不安症などの治療に使われる、医学的根拠の強い

精神療法です。認知（思考）と行動と感情が悪循環を形成している状況を自分で理解して、好循環に切り替えるための変化のコツ（技法）を学んで実践します。

自分の価値観をしっかり持って生きてほしいというのが本書の大きなメッセージの一つです。なぜなら、思考・行動・感情の好循環といっても、これが絶対の正解というものがあるわけではないからです。その人の価値観にそって、偏り過ぎに気をつけて、バランスの取れた思考・行動・感情の好循環を目指すことが重要です。体の健康でも、運動を全くしないのも問題ですが、運動をやり過ぎるのも体を壊すもとになってしまいますよね。心の健康でも、価値観に基づくバランス感覚はとても重要です。

あなたが、正解がないような不確実な状態に対して、すごく不安になって、耐えられないとしたら、それは、「不確実性の不耐性」という心の問題を抱えているということになります。人生は、不確実なことで満ちています。不確実なことに耐えていくこと（できれば、不確実性を楽しむこと）が、人生のサバイバルでは重要です。自分の価値観という羅針盤が示す方向に、正解のないハラハラドキドキの人生という海原を、思考・行動・感情のバランスをとりながら、荒波を乗り越えていく術《すべ》を本書で知っていただければ、私の至高の喜びです。

2023年9月

清水 栄司

もくじ

第3章　幸せになりにくい思考ルート

第4章 思考を柔軟に

第5章 問題と向き合う力

STAFF

本文デザイン mashroom design
イラスト・マンガ オブチミホ
装丁 江原レン（mashroom design）

第1章

脳と心が疲れていませんか

脳と心の疲れがたまっている

もう仮病を使って欠席しよう
決めた
落ちついて！
ポイッ
私はルール違反を許せません
きちん!!
公私ともにきちんとした生活をしています
ですからルールを守らない人のことが許せません
あの人ルール違反
こんな使い方しちゃいました！
○○チャンネル
規則違反ですよ！！
カチャ
カチャ
私はルールを守っているのに
つい攻撃的な発言、レスポンスをしてしまいます
燃えるゴミ
誰!?
置きっぱなし
しかし、世の中ルールを守らない人のなんと多いことか
締め切りを守らない後輩を叱ったら…
ダメじゃない
こわーい
まあまあそんなに怒らないで
こわすぎ〜
私が悪いの？
なるほど
悩みはそれぞれですが、脳と心に負担が大きい状態になっているようです

心のゆとりを持てる思考法を身につけよう

情報が豊かな社会のなかで

社会はどんどん便利になり、物と情報に恵まれ、豊かになっているのに、皆さんの精神的なストレスは減らないどころか増えている感じですよね。心の豊かさはどうすれば手に入るのでしょうか。

便利さ、物と情報の豊かさの代償として、世の中は高度化、複雑化しています。情報の嵐に巻き込まれてしまうと、自分にとって大切な情報を選択することに、脳と心はひどく大きな負担を感じるようになります。

ここで、アメリカのコロンビア大学のシーナ・アイエンガー教授が行った、有名な「ジャムの実験」を紹介します。スーパーの売り場で、ジャムを6種類置いた場合と、24種類置いた場合を比べました。ストロベリー、マーマレード、ブルーベリー、チョコレート……等、24種類の例では、どれを買うか決められず、買う人が少なかったのに対し、選択肢が6種類のみと少なかったほうが簡単に買うジャムを決められ、買う人が多かったのです。情報が多すぎると、脳は選択にも大きなエネルギーを要し、決めることもできなくなるほど疲れてしまいます。

このように、脳と心の疲れは、外部からの情報刺激の影響を強く受けます。多くの問題で逆境にある人、重責を担っている人、気がかりなことがある人は脳の情報処理の負担が大きいでしょう。

また、同じような環境でも、自分が何をやりたいのか明確にわかっていないまじめな人、何でも与えられたことをうまくこなさなくては、やらなくてはいけないという気持ちが強い人は、自分がやりたいことをわかっている人より疲れを感じやすくなります。

自分がやりたいことをよくわかっている人は、「気が進まないことはやらない」「やりたくないことは、うまくいかなくてもど

うでもいい」「自分がやりたいことをやっているので、それを他人に評価されなくてもいい」と思っているので、あまり余計なストレスを感じることはないでしょう。そんな風に、割り切った考え方ができるとだいぶ楽になるでしょう。

もちろん、やりたくないことだけれど、がんばっている人がたくさんいるおかげで、社会は成り立っているのも事実です。

とはいえ、やりたくないことに、あまり根を詰めすぎて、がんばりすぎて疲れきってしまうと、うつ病などの心の病気になってしまいます。ほどほどに脳と心が疲れすぎないように、うまくやっていく方法はないのでしょうか。

ストレスに耐える力は柔軟でしなやか

HSP（Highly Sensitive Person）という、非常に敏感な人、感覚、感受性が強い人という心理学的な考え方があります。アンケートで人口の13％から15％が該当するとされます。このような非常に敏感な人は、ささいなできごとでも人より強く受け止めてしまい苦しんでいます。遠ざけられるストレスは遠ざけるほうがよいのですが、避けられないストレスもあります。

心を守るためにストレスに対処する力が必要です。そう聞くと「鋼《はがね》のメンタル」「微動だにしない重厚な心」といった剛健なものをイメージするかもしれません。しかし実際に精神的な病気にかかりにくい人は、剛健というより、柔軟でしなやかなイメージです。

むしろ「こうでなくてはいけない」「絶対にこの線は譲れない」といった固い意思を持った人は、それがかなわなかったときに脆《もろ》いところがあるように思います。

過酷な環境でも心の健康を保てる人は、「自分が何をやりたいのか」という自分の価値観をよく知っていて、その価値観に基づき湯水のように豊富な情報から、自分の価値にあった必要なものだけを選択して、そうでないものは、ほどよく割り切ったり受け入れたり、その場に合わせて柔軟に自分の気持ちを切り替えることができます。

といってもそうした人たちが決して、自分の大切な価値観をあきらめたり、いい加減に済ませているというわけではありません。価値を感じることは、優先して大切にしているのです。

むしろなんでもかんでも「やらなくちゃ」「しっかりしなきゃ」という思いが強くなりすぎる人は、無理をしていたり、ほどほどのところで妥協ができず疲れて動けなくなったりしてしまいます。肝心なこともうまくいかなくなる可能性があります。

隣の芝生を見ながら、他の人の価値観に合わせて、他人と同じように「幸せになろう」「幸せにならなくちゃ」という気持ちのある人も、自分の価値観に合わない場合は、かえって、つらくなるだけのマイナスの目標になってしまい、より幸せになりづらくなるという面もあるのです。

一方で「何をやっても自分なんかダメだ」という考えを持っていると、「やらなくちゃ」という場面でも「自分にはどうせできない」「自分にできるくらいならたいした価値のないことだ」などと考え、やる気や達成感を感じられず、よい行動ができません。そして、よい結果が出しにくくなるため、さらにネガティブな思考につながりがちです。疲れやすい思考ルート（思考の悪循環）ができてしまうのです。

このような思考の悪循環のルートがあると、脳や心が疲れやすいというだけではなく、幸せも感じにくくなるというデメリットもあります。柔軟でしなやかな思考で好循環を作っていきましょう。

疲れやすい思考ルートを変えよう

うつ病や不安症などの心の病気を引き起こす原因は複雑ですが、そのなかに偏った考え方の習慣も関わっています。いわゆるネガティブ思考などといわれる「考え方のくせ」で、精神医学で用いられる認知行動療法では「認知の偏り」「認知の歪み」などといわれます。

「認知」とは「考え方」「ものの見方」のことで、物事にであったとき自動的に浮かんでくる考えのことをいいます。これが強固で曲げられないほど、幸せを感じづらくなります。この考え方のくせをもっていると、同じストレスを受けてもより深刻に、より悲観的に、より長く悩むようになってしまいます。それが前述の疲れやすい思考ルートです。

逆にいうと、この思考ルートを変えるだけで、同じストレスにあってもしなやかに柔軟に受け流すことができるようになり、できごとから影響を受けすぎることがなくなります。心の負担も少なくて済み、悩んだり煩わされたりする時間も短くて済みます。

悩むことに頭を使うのではなく、もっと建設的なことや新しい楽しいことに脳のリソースを振り向けることができます。

自分自身の価値観を大切に

人はそれぞれ価値観が異なります。情報過多の時代では他人の価値観に影響され「なんとしても○○さんに負けないくらい幸せにならなくちゃ」「幸せはこうあるべき」と、自分の価値観を見失ってしまうことがあります。このように考えているときは幸せを感じづらいものです。

自分の価値観に基づいて「他の人にはわからないかもしれないけれど、自分にとってはこれがとても幸せなことで、こんな幸せもあるんだから」というような考え方ができると、幸せになりやすくなります。

本書では、認知行動療法をベースにこの幸せになりやすい思考ルートを構築するための方法について一緒に考えていきたいと思います。

現代社会は疲れやすい

脳と心の疲れに気づくようにしよう

体が疲れを感じるように、脳や心も疲れを感じているのですが、その疲れは気づきにくいように思います。体の疲れは、たとえば運動しすぎてへとへとに疲れると体が動かなくなってしまうので、「疲れた」とわかりやすいところがあります。

一方で、脳や心の疲れの場合はちょっとわかりづらいものです。いつもは楽しめることなのに気が進まないとか、面倒くさいといったことから気づけるかもしれません。いつもよりも情動不安定で、ちょっとしたことでイライラしたり、不安になったり、悲しくなったり、ということも脳や心の疲れのサインかもしれません。

心の健康を保つためには、脳や心が疲れきらないうちに疲れに気づいてあげて、休憩を入れるなどのエネルギー充電のための手を打つことが大切ですが、脳と心の疲れが気づきにくいために、たとえればバッテリーの充電を使い果たしてしまうように、脳や心が全く機能しなくなってしまうようなこともありうるわけです。

体なら動けないほどの疲れレベルでも、脳や心の疲れの場合は気づかずに、無理を重ね、バッテリー容量を使い果たし、心が壊れてしまうこともあるので、早めに疲れに気づくことが重要です。

気づきにくい心の疲れですが、もう一つ注意が必要な点があります。それは不快なできごとに対して疲れるだけでなく、快いと思っているできごとでも心は疲れるということです。

これが曲者《くせもの》で、すぐに寝たり休むをとるべき疲労度であっても、「興奮する」「楽しい」といった快感を伴う刺激がくると、「面白すぎてやめられない」と、躁《そう》状態のように、元気になりすぎてしまいます。

いやなことがあったときには「楽しいことでリフレッシュを」と思いますね。エンタメやゲームなどで憂さを晴らすという人もいるでしょう。もちろんこれをほどほど

疲れてないよ
眠くないもん！
カチ
カチ
カチ
カチ
元気になりすぎているだけでは？
もう寝たほうがいいんじゃない？

で切り上げて「あー、楽しかった」と気分よく布団に入って寝られればよいのですが、どうでしょう。ほどほどでやめられずに、夜更かしや徹夜をしてしまうこともあるのではないでしょうか。いくら楽しいことでも、脳はずっと活性化して働きっぱなしです。知らない間に脳や心の疲れはどんどんたまっていくのです。

四六時中刺激を受け続ける

また、現代ならではの疲れる要因として「刺激が途切れない」ということがあります。

一昔前は、サラリーマンは一日の仕事が終わって、飲んで帰宅すれば、あとはオフの時間で、風呂に入って寝るだけという生活が普通でしたが、今は帰宅しても寝る直前までＳＮＳなどで他人と交流し続けるという人が多いです。帰宅して自宅にいても容易によその人とつながれます。朝も起きてＳＮＳをチェックすれば、すでになにかメッセージや通知がたまっていることもあるでしょう。このように完全にオフになる時間が非常に短いのです。

それにスマホを持っていれば、動画、ＳＮＳ、ニュース閲覧、ゲーム、マンガ、音楽など、いつでもどこでも好きなこと、楽しいことにアクセスできます。

かつてスマホではなく携帯電話と呼ばれていた頃は、誰かに用事があるときに「呼び出して通話する、あるいはメッセージをやりとりするための道具」として使用していたものです。しかし、今のスマホは、話す相手がいなくても、とくに用事がなくても、「好き」「楽しい」という快感を求めてとりあえず手に取る存在です。スマホが近くにないと落ちつかないほどです。

そのようにスマホから四六時中脳と心が刺激を受け続ける生活が基本になっています。いつでも快感を感じていたい、暇、退屈な時間は耐えられません。

それもコスパならぬタイパが重視され、どんどんゆっくりとした時間の流れや冗長さが排除されています。

タイパ、タイムパフォーマンス、つまり一定の時間のなかでどれだけ得るものがあるか、その価値観が重視されるのです。時

今
昔
なんかおもしろいことはないかな
○○と連絡とろう

用事がなくても
手放せない存在

用事があるときに手にとる
便利なもの

間がもったいないので、学校の講義、ドラマや映画などの動画を倍速再生で鑑賞することも当たり前になってきたところがあります。

近年、情報にアクセスするのは格段に便利になりましたが、脳が処理できる情報量には限界があります。先述のジャム選びの実験のように、情報過多がストレスとなっているのです。

車の運転でたとえれば、一般道路にも関わらず、高速道路並みの速度で走り、スピード違反をおかしながら、ずっとアクセルを踏みっぱなしの状態ともいえます。

スピードが速いほど、同じ時間内に目に入る情報は増えます。たくさん進むことができ効率的に思えるかもしれません。ですが、高速道路のように環境が整備されていればまだしも、一般道路では交差点があるわ、横断歩道はあるわ、無関係な立て看板はあるわで多様な情報が視界に入ってきます。そのなかでスピードを出しすぎると、飛び出してきそうな人や自転車などへの情報処理が追い付かなくなり、重大な交通事故を起こすリスクが高くなります。

脳と心の情報過多を防ぐためには、意識的に、退屈で暇を持てあます時間、ぼうっとする時間が大事になってきます。

高速道路でも一定時間運転したら、サービスエリアなどで適宜休憩を取るように推奨されています。長時間運転し続けていれば、脳が疲れて、適切な情報処理を行えず、運転を誤り、事故を起こすリスクが高まるからです。本来、ゆっくり時間をかけて情報を処理し、休憩もしっかりとるべきなのに、車の運転と同様に、脳や心についても、休憩時間の重要性が忘れられてしまっていることが問題です。

技術的には非常に便利になった現代社会は、人々の欲望を刺激する情報に対する依存、嗜癖がどんどん強くなり、ますます脳や心が疲れやすい社会になっているともいえるかもしれません。

不確実性：先が読めないストレス

ネガティブな要素があるとしんどさが増す

予想できない、先行きが読めない状況のことを学術的な表現で「不確実性」といいます。すぐには答えが出せない、全容がわからない、解決法を知らないというような状況です。人は不確実な状況で、自分が何をすれば正解なのかわからないと思うときに不安になり、ストレスを感じるものです。

たとえば、２０１９年末から発生したコロナ禍では、当初、専門的な研究組織でも、コロナウイルス感染症についての全容を解明できず、情報が錯綜していました。このような不確実性の高い状況では、人々は強く不安、ストレスを感じます。そのほかにも紛争や経済的な不安など、個人の力で対処するための正解を見出せない不確実な状況も強いストレスになるでしょう。不確実な状況では、脳や心が疲れやすいといえます。

その反対で、しっかりと見通しを立てられたり、解決法や対処方法が明確になっている「確実」なことは、不安もストレスも少なく、脳や心にあまり負荷をかけません。心の健康が保ちやすい状況です。たとえば仕事でも、マニュアルがしっかり完成していて、初めから終わりまで手順が事細かに決められ、それに沿ってこなしていけば安全に成し遂げられるようになっていれば、ストレスは少なくて済みます。

社会全体は、不確実性を減らすように、マニュアル化された枠組みを目指して、さまざまな仕組みやルールが作られています。一方で、確実が当たり前になっている社会では、枠組みから外れた不確実な事態を由々しき事態と捉えるようになります。たまに不確実な事態が生じても、それにすぐ対応した新たなルールやマニュアルが作られればよいのですが、実際はできない状況だから、不確実な世界というわけです。

現実の世界をあらためて見直してみると、不測の事態や思い通りにならないこと、まったく見通しの立たないこと、つまり不確実な状況は、いくらでもあることに気づくでしょう。たとえば、予想もしないような難病にかかったり、突然の不慮の事件や事故に巻き込まれたり、大けがをしたりするようなことは誰にでもあり得ます。

さらに、変化のスピードの速い現代社会では、先のことはますます読みにくくなっています。「こう生きればよい」というロールモデルも見つけにくくなっています。変化に柔軟に対応する力が求められます。

確実性を強く求めて、それに慣れ切ってしまうと、本来人間が持っていた、柔軟に、不確実な状況に耐える力（耐性）が衰えてしまう可能性があります。これを「不確実性への不耐性」といいます。不確実性への不耐性も心の問題といえるでしょう。

不確実性への不耐性

「不確実性への不耐性」という精神医学の用語は、文字通り不確実な状況に「耐えられない」性質のことです。

　はっきりと見通しがたち、すべきことがわかり、その通りにすれば概ね安全…というように物事に確実性が期待できる平時の状況では、不確実性への不耐性があっても、ストレスに耐えやすく、心の安定が保てます。しかし、ひとたび不確実な状況になってしまうと、急に耐えられなくなって、心が不安定になって、心身の不調を呈することがあります。

　このような状態を「不確実性への不耐性がある」と表現します。

不確実性への不耐性

・正解がないことに耐えられない
・ロールモデルがいないことに耐えられない
・見通しが立たないことに耐えられない
・想定外のことに耐えられない
・やってみて成功するかどうかわからないことに耐えられない

とはいえ…
人生は解決できない問題も多い
不確実性への耐性をもっているほうがよい

最適解をすぐに求めてしまう

すべてのものごとにマニュアルがあり、いかなる状況にも対応策、救済策が用意されているのが当たり前だ、確実性があることが前提だと思い込んでしまうと、今度は不確実性がストレスになってしまうのです。なにか問題が起こったとき、すぐに正解が見つからない状況に耐えられない、自分は確実な世界でしか生きられない、というのは、実際には不確実なことだらけの現代社会では、サバイバルに適しているとはいえません。

また、本来絶対的な正解はないはずの不確実な問題に対して正解を求めようとすると、自分の選択が正しかったのか不安に感じられてしまいます。ジャムの実験で説明したように、いろいろな選択肢があり、自分が選べる自由を持っていて、自分がストロベリージャムを欲しくて買ったはずなのに、次の人がマーマレードを買っているとそちらが正解ではないかと心配になってしまいます。自分の価値観よりも、「ほかの人も選んでいるから」と確実な世界での正解を求めて、自分の選択を否定してしまうようになると、とてもつまらない生き方になってしまいます。

不確実な状況に耐えて、自分の価値観に基づき、誰の答えでもない自分の答えを出すようにする習慣を身につけたいものです。

意識して心を守ろう

悪い感情も受け入れる

うーん 現代らしい 効率的な 考え方ですね
そのようなものが あったら便利と 思う人もいるかも しれませんが
実際には ありませんし…
ないかー
ですが こうした感情も 意味があり
不安
悲
必要なもの なのです
嫌
怒
えーーっ
逆に受け入れるという 方法もありますよ
サンキュ
ホイ♥
不安
怒
嫌
悲
?
受け入れる?

ほどほどに受け入れる

不確実性への不耐性は心の疲れにつながりますが、実際問題として世の中から不確実性を排除することはできません。ですから不確実性への耐性を失わないようにすることが大切です。

望まない事態が起こっても、すぐに解決できないことには答えを出すことを急がないようにします。わからないこともあると割り切って、「わからないことはわからない」といったん受け入れてみることも大切です。あいまいなこと、不確実なこと、現時点で解決方法がわからないことを、そのまま棚上げにして置いておくことも、立派な対処方法であることを意識してほしいのです。「余裕をもって対処する」という言葉があるように、いつでも白黒はっきりさせようとしない、性急に答えを出そうとしないことが必要なのです。

アメリカの心理学者のリチャード・S・ラザルスによるストレス対処法の考え方では、対処方略を、１計画型、２対決型、３社会的支援模索型、４責任受容型、５自己コントロール型、６逃避型、７離隔型、８肯定価値型の８つにタイプ分けしています。

たとえば、「不確実なことを棚上げにして置いておく」という方法は、ストレス対処の「７離隔型」に該当します。離隔型のストレス対処法というのは、ストレスを自分とは離れて隔離しておいておくという方略で対処するタイプです。

一方「対決型」のストレス対処法というのは、ストレスに対して真正面からぶつかって解決していくという方略で対処するタイプです。ストレスに向かう時に、「計画型」のストレス対処法というのは、ストレスに対して、計画をたてて解決していくという方略で対処するタイプです。また、「逃避型」のストレス対処法というのは、ストレスから、ともかく逃げる、避けるという方略で対処するタイプです。

私が読者の皆さんにお伝えしたいのは、ストレスに対して真向勝負で向かい合う「対決型」ばかりやっている方だったら、対処法はそれだけではなく、その逆の「逃げるが勝ち」とばかりにともかくストレスから逃げまくる「逃避型」もありますし、さらに、どちらでもない第3の選択として、とりあえずストレスを自分の隣に切り分けて置いておくという「離隔型」という方略もあると考えたほうが良いということです。

もちろん、ストレスに対して「逃避型」の対処ばかりしている人も、逃避型でうまくいけばいいのですが、それではうまくいかない場合、「離隔型」を使ってみてほしいです。逃げるのではなく、そこにあるということを意識しながら、横に置いておく方法もときには役に立ちます。

これが、「受け入れる」ということになります。

リチャード・S・ラザルスのストレス対処法

1. 計画型	慎重性、計画性、熟慮する、 慎重性、計画性がある
2. 対決型 （対処型）	自己信頼感の強さ、積極性、自信、 自己信頼感が強い、積極性、自信がある
3. 社会的 支援模索型	社会適応度、依頼心、社会への適応、 依頼心が強い
4. 責任受容型	従順性、自己の役割の自覚、責任感、従順性、 自己の役割を自覚、責任感が強い
5. 自己 コントロール型	自分の感情・行動をコントロールする、 自己の感情や行動を制御する、慎重型
6. 逃避型	問題解決からの逃避、問題解決の意欲を失う、 人のせいにする、やけになる
7. 離隔型	問題と自己の離隔、問題と自己との隔離、 問題を忘れる
8. 肯定価値型	自己発見・自己啓発・自己改革の強さ、経験を重視、 自己発見、自己啓発、自己改革の強さ

ストレスにどう向き合うか？を８つのタイプに分類する

バランスが大切

車の運転をするときでも休憩が必要なように、心と脳も休憩が必要です。「自律神経系」という言葉を聞いたことがあるかと思います。私たちが意識して、いちいち大脳から指令を出さなくても、私たちの身体は、呼吸をしたり、心臓を動かしたり、食べ物を消化吸収したり、汗、涙、唾液、尿などを出したりしてくれます。そのような生存のために必要な働きを自ら律して（自律的に）調節する自律神経系という神経が、脊髄とそれぞれの臓器や全身の血管や皮膚などの末梢を結んではり巡らされています。

たとえば暑いときに汗をかいて体温を下げたり、緊張したときに心拍が速くなってドキドキしたりするなど、自分が意識して汗をかこうとか心拍を速くしようとしなくても自動的に働いてくれます。命令しなくても働いてくれます。一方で「汗をかきたい」あるいは「汗を止めたい」と思っても意志の力ではコントロールできません。

そして、自律神経系の特徴的なところは、興奮してエネルギーを活発に使おう（異化）とするときに優位になる交感神経系と、リラックスして落ちついてエネルギーを蓄えよう（同化）とするときに優位になる副交感神経系が交代で働くところです。アクセルとブレーキのようにセットになっています。

自律神経系は基本的に興奮（交感神経系）と鎮静（副交感神経系）の働きを交互に行います。交代で作用しながら、心身の調子を整えているのです。

何か心配事があったり、悩みがあったりする状態では交感神経系が優位になっています。戦闘中のように脳は敵を警戒するモードで、不安や緊張で気が抜けない状態です。また、たとえ楽しいことであっても、快感刺激が強い、興奮するような状態では交感神経系が優位になっています。

この興奮状態が続くということは、たとえるならば、長い急

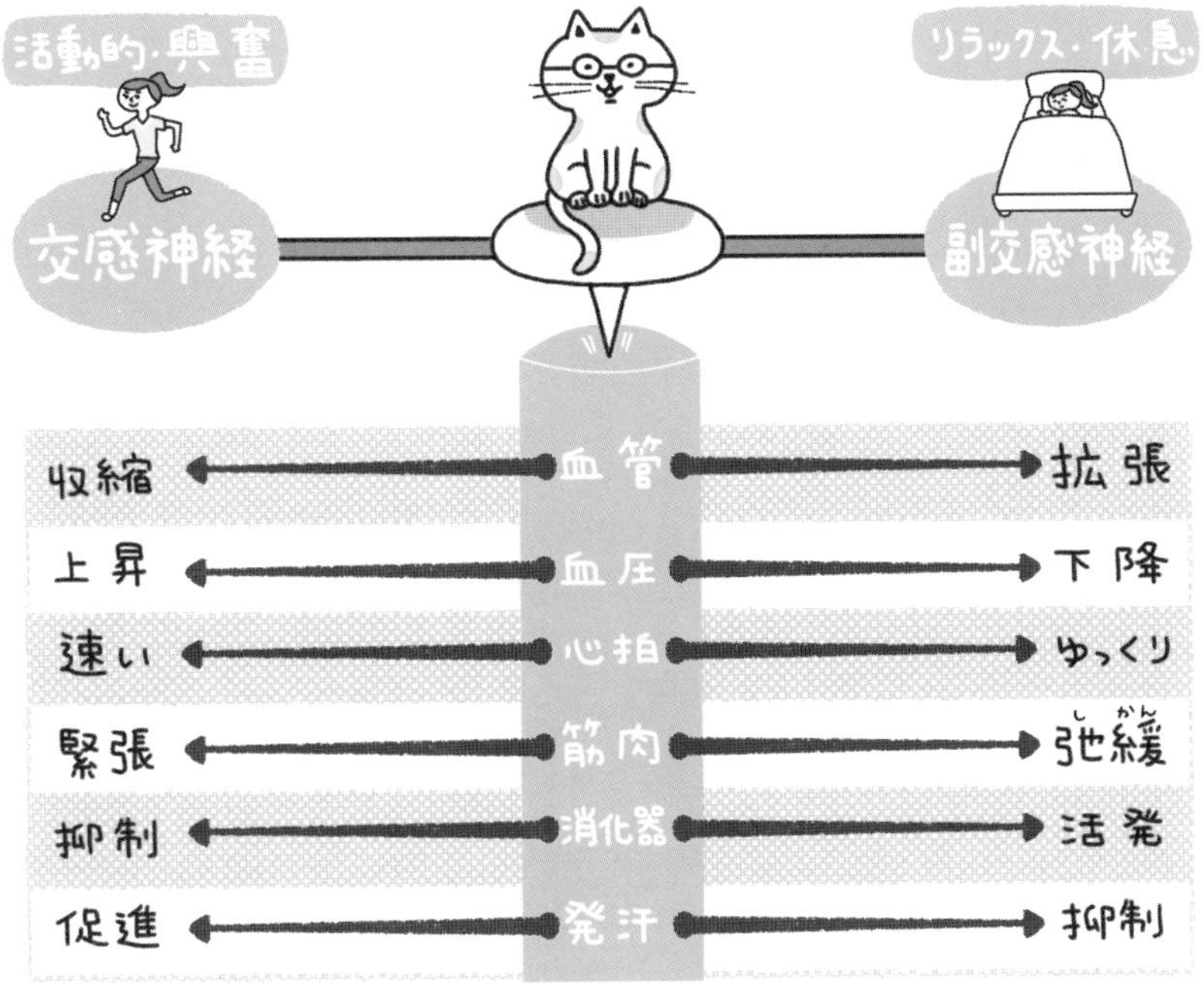
活動的・興奮
交感神経
リラックス・休息
副交感神経
収縮
血管
拡張
上昇
血圧
下降
速い
心拍
ゆっくり
緊張
筋肉
弛緩《しかん》
抑制
消化器
活発
促進
発汗
抑制

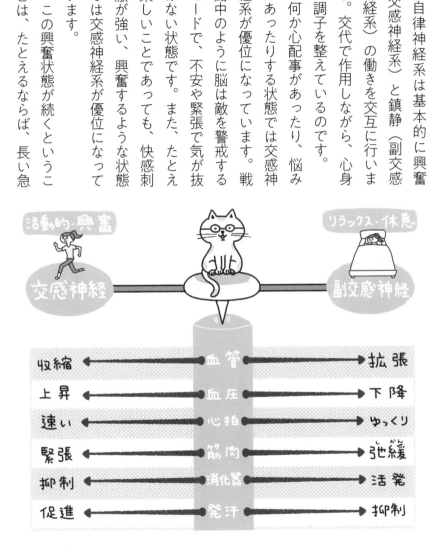

な下り坂をアクセル踏みっぱなしの猛スピードで車を走らせ続けるようなもので、運転手も車も悲鳴をあげるような状態です。5時間も6時間も続ければ、ブレーキも効かなくなり、運転手も疲れ、衝突事故を起こしかねません。下り坂の運転ではアクセルばかりではなく、ブレーキも上手に使って、スピードをコントロールする必要があるように、交感神経系と副交感神経系のバランスが崩れて、働きが悪くならないようにする意識は重要です。

ですから、刺激をたくさんいつでも好きなだけ受けることができる現代人は、忙しい1日のなかに、ときどきあえて意識的にゆっくりのんびりする時間をとることが必要なのです。

とはいえ、ゆっくりのんびりしている状態が続きすぎること、すなわちブレーキの使い過ぎでバランスが崩れることもあります。たとえばずっとごろごろし、刺激の少ない生活を送っていると、体を支える筋肉だけでなく、血圧や心拍を臨機応変に調節する機能が衰え、とっさに行動することが難しくなることもあります。

適度に活発に過ごす時間とゆったりとリラックスする時間を交互に取り入れた、張り合いのある生活を送ることが必要です。活動とリラックスの交互のバランスが大切です。

自律神経系のバランスが崩れると…

自律神経系は体温調節や心拍、血圧を始め、全身のさまざまな機能にかかわっているので、自律神経系の働きが悪くなると心身のいろいろなところに症状が出ます。

自律神経系のバランスが悪くなることであらわれる代表的な症状は、下記のように多岐にわたります。

脳や心の疲れがたまってしまうことによって、全身がだるく、よく眠れない、疲れがとれないといった症状もよくみられます。このような状態が続くとやがて、精神的にも気持ちをリフレッシュさせたり、自分をいたわったりする気力さえなくなってしまいます。

うつ病や不安症のような心の病気になっ

自律神経系の乱れによって
あらわれる症状

起立性低血圧、発汗減少、便秘、
排尿困難、発汗異常、目がぼやけたり、
二重に見える瞳孔の異常、めまい など

このほかにもさまざまな症状があらわれる
不調によって受診しても原因がはっきりしないことも多い

てしまうと、脳がうまく働かず、集中力や判断力も低下してしまいます。いつもならできていた簡単なこともできなくなったり、冷静に考えればたいしたことがないようなことでも、自分では解決できない大問題に思えたりします。

こんなときはゆっくり休息をとって回復することが必要なのですが、脳と心の疲れによる症状からますます自分をいたわりにくくなり、自律神経系の乱れは悪化し、さらに疲れがたまっていってしまいます。

第2章

注意すべき心の病気

傷つきやすい心

こんな言葉をよく聞きます
私はHSPでとても傷つきやすいんです
ショックなことがあるといつまでも引きずってしまいます
へ～
ショック
HSP
Highly Sensitive Person
確かに、生まれつき感覚が過敏だったり、慎重、不安感が強いといった特性を持つ方はいます
一見適応できてそうでも…
いいね いいね
なじんでるね
私、周りからどう見えるかな うまくやらなきゃ
過剰適応になっていることもあります
一生懸命楽しそうにふるまっていますが
家に帰ると…
ただいま…
わ～
バッタリ
ふだんはそれなりに工夫、努力して暮らしているけれど、
仕事できるなあ…
めいっぱい努力してそれを維持している場合は
カチャ
カチャ
おめでとう春からチーフだ
責任を持って頼むぞ
え～
今度の担当者気難しくて…
どうしよう…
環境が変わったりストレスが強くかかると…
うおおお

大波がきた
あ〜
つかまって！
このように、敏感な人が環境変化でダメージを負ってしまい診療にくるケースもあります
敏感な特性は変えられないことも多いので、
ダメージをためすぎないサイクルを作りましょう
サイクル？
たとえば、物事にこだわりすぎず、気持ちを切り替えたり
まあ、上出来かな
探せば改良点あるけど…
時間だし
ぐるぐる思考をやめたり…
だって
でも…
やっぱり
これ以上悩んでも解決しないな
悩み続けるのはやめよう
ベストは尽くした
スック
相談できる相手を複数持ち
相談先
○○さん
○○さん
○○さん
○○さん
困難感や受けたいサポートを具体的に
この曜日は残業できません
ああエアコンね
環境調整も大切に
エアコンの風が直接当たらないようにしてください
あ、そう
得意なことに目を向けましょう
こうした工夫で余裕が生まれ、生きづらさが軽くなることもあります

注意すべき心の病気

遺伝と環境と生活習慣の3つ巴の絡み合い

心の疲れから生じる問題のなかで、心配されるのが心の病気です。

心の病気の原因は、本人の生まれつきの気質、体質、ホルモン、神経伝達物質のような生物学的な遺伝的な要因と周囲からのストレスなどの環境的な要因、そして、本人の考え方や行動の仕方のような生活習慣の要因が相互に関係していると考えられています。これまで述べてきたような自律神経系のバランスの崩れも、遺伝的な要因、環境的な要因、生活習慣の要因に関係して起こります。そしてまた、心の疲れやすさにも、遺伝的な要因、環境的な要因、生活習慣の要因が関係していると思います。

心の病気

ここで紹介するのは、頻度の高い、代表的な精神疾患です。もし思い当たる症状があって、その精神症状がとてもつらくて日常生活に大きな支障が出ているようでしたら、精神科の受診も検討してみてください。

また、ここで挙げたもののほかにも多様な症状があります。心の病気は気づきにくく、自分で判断するのは難しいものであることを心に留めておいてください。

うつ病

最も多い心の病気で、気分が落ち込む、物事を楽しめない（意欲がなくなる）が二大症状である。疲れやすい、食欲がなくなる、体重が減るなどの身体的な症状として自覚されることもある。何でも自分のせいだと自分を責めるなど、物の見方が悲観的になり、悪化すると自死念慮など深刻な事態にもつながる。

双極性障害《そうきょくせいしょうがい》

うつ病と同じようにうつ状態がみられる一方で、うつ病とは異なり気分が病的にハイテンションになって、非常に気が大きくなったり、怒りっぽくなったりする躁《そう》状態もみられる。うつ状態と躁状態は交互にくり返しあらわれる。

双極性障害は、躁状態のときに、攻撃的になったり浪費《ろうひ》や無計画なふるまいをするなど、ときには入院が必要なこともあるほどの明らかな「躁状態」が表れる双極性障害Ｉ型と、軽いハイテンションである「軽躁状態」のみに留まる双極性障害II型に分けられる。

不安症

不安感が強くなりすぎて、生活に支障を来してしまう心の病気で、いくつかのタイプがある。社交不安症は、他人から注目を浴びるような状況に強い不安を感じる。
パニック症は、動悸、呼吸困難、胸の苦しさなどの突然の不安の発作（パニック発作）がくり返されることを恐れて、電車やバスに乗ることが怖くなってしまう。全般不安症は、何もかもが次々と不安で心配を止められなくなる。

強迫症《きょうはくしょう》

意味はないことだと自分でもわかっていて、やめたいけれどやめられない考え（強迫観念）と、やめたいけれどやめられないくり返しの儀式的な行動（強迫行為）のどちらか、または両方があって、日常生活が困難になってしまう。洗浄強迫、確認強迫、縁起強迫などがある。

統合失調症

誰もいないところで自分の悪口を言う声が聞こえるなどの幻聴や、自分がねらわれ

手を洗わないと
洗浄強迫
不安
家のカギしめたかな…
確認強迫

不安感が原因で、夜眠れなかったり
日常生活に支障が出ていないか？

ているなどとありもしないことを思い込んでしまう妄想など明らかな「陽性症状」と、意欲がなくなったり、感情が乏しくなるなど目立たない「陰性症状」がある。本人に病識がないことも多い。

依存症

ある物質や行為にのめり込んで生活に支障を来してしまう。物質としては、アルコールや覚醒剤の違法薬物や睡眠薬、抗不安薬などの処方薬など。行為としては、ギャンブル、ゲーム、ネット、買い物などがあげられる。居場所のなさをまぎらわすために始めたが、やめることができず、生活の何よりも優先するようになる。脳内に報酬を求める回路ができ、以前と同じ刺激では十分な快感を得られなくなる耐性、刺激を得られない状態ではイライラなど不快な症

統合失調症の症状

受診して適切な治療を受けることで症状が改善することが多い

状があらわれる離脱症状などの特徴がある。依存症の本人は問題を過小評価して、自分が依存症とは認めたがらなかったり、家族や周囲に嘘をついても、依存症を続けようとするなどがみられることもある。

心的外傷後ストレス障害、適応障害

事件、事故、災害などの生死に関わるようなトラウマ（心的外傷）体験からしばらく経っても、その恐怖の記憶が忘れられずくり返しフラッシュバックしたり、関係のある物事を避けたり、うつや不安の症状が出たり、びくびくして眠れないなどの症状がある心的外傷後ストレス障害。生死に関わらないまでも、強いストレスのため、うつや不安のような症状や行動面での症状がみられる適応障害がある。

パーソナリティ障害

パーソナリティ（人格）が大多数の人とは違って特徴的な偏りがあることで社会生活などに支障を来してしまう。幼少期から基本的信頼感が持てないために、対人関係に強い不安を抱き、見捨てられる不安が強く、相手を試すような自傷行為をくり返す境界性パーソナリティ障害が代表的。

発達障害

神経発達症ともいい、生まれつき持ち、子どもの頃からあらわれる発達の特性と理解されている。自閉症スペクトラム症（ＡＳＤ）は、言外の意味やあいまいな表現を汲み取るようなコミュニケーションが苦手、こだわりが強いなどの特性がある。注意欠如・多動症（ＡＤＨＤ）は、集中できない、落ちつきがない、衝動性が目立つなどの特性がある。

発達の特性によって、子どもの頃から周囲の理解を得られなかったり、叱られたりするために、自己肯定感を得にくいため、二次的にうつ病や不安症を合併する場合も多い。

発達障害との関連

ＡＳＤやＡＤＨＤなどの発達障害は、近年よく知られるようになってきたもので、子ども時代に診断されるような明確な特性を持つ人もいれば、診断に至るほどの明らかな特性がみられない、いわゆる「グレーゾーン」の人もいます。つまり、発達の特性のあらわれ方や程度は個人差が大きいのです。

生まれつきの特性の要因と環境の要因、そして生活習慣の要因が、うつ病や不安症のような心の病気につながる可能性があります。周囲の人から、本人が置かれている環境を調整してもらったり、合理的配慮をしてもらうなどの支援で、生きづらさが小さくなる可能性もあります。発達障害の特性の診療では、本人の特性と周囲の環境や理解を調整することがポイントになります。

たとえば、発達障害の特性が明らかにあった場合でも、周囲の理解や支援が十分に得られていたり、その特性にぴったりと合っていて、平穏に無理なく暮らせるような環境であればさほど困難感は感じないでしょう。こだわりを活かして、得意なことでは突出した才能を見せることもあり、歴史上の偉人や大きなイノベーションを起こした人には、発達障害の存在を感じさせるエピソードを持つ人が多くいます。もしかしたら、興味のあることに没頭できる環境や理解あるスタッフや身近な家族のサポートなどに恵まれたのかもしれません。

一方で、障害の程度が軽度であっても、環境が適応しにくかったり、厳しい評価にさらされるような状況では困難感を強く感じるでしょう。また、本人が知性や工夫でなんとか乗り切っているようなケースでは、周囲からサポートが必要だと気づかれにくく、心の負荷が高い状態かもしれません。

うつ病や不安症などを患って精神科を受診したときに初めて、発達障害の特性を持っていることが明らかになるというケースも増えてきています。

この生きづらさ、原因がある？

前の部署では、仕事にこだわって、完璧にやろうと一人で頑張りすぎ
毎日深夜残業…
休職届
長時間労働がもとで、うつ病になってしまいました。
休職しましたが、なかなか回復せず…
少し余裕がある部署に配置転換しよう
無理しないでね
ハイ！
職場復帰だがんばるぞ
周りの期待に応えたい
最初はそこそこでいいからね
心配かけてるがんばらなきゃ
はあ…
疲れが抜けない…
朝起きられない
がんばらなきゃ
ゼー
ゼー
ゼー
バタン
うつ病が再発してしまいました
おや
わ〜たいへん
子ども時代から、自分は一人でこつこつやるのが好きで、集団になじむのが苦手…
ワイ
ワイ
ポツン…
集団から浮かないように
周りに望まれることをすべて引き受けて完璧にがんばることで
グループ学習
がんばらないと
これもこれも
私がやるね
グループ内の居場所を確保して、何とかやってきたように思います

昔から
ほどほどが
できないからねえ
ムリでしょ〜っ
やる〜
母
…そういうの
苦手…
ネットの記事をきっかけに
「もしかしたら、
自分は発達障害なのでは？」
と疑いをもつようになりました
あれ？
私、これ
当てはまる
生きづらさ もしかして 発達障害？
治りにくいうつ病にも
関係があるの
でしょうか
うつ病のもとに、
発達障害の存在が
かかわっている
ことはあります
子どもの
頃から
傾向が
あらわれて
いることが
多いです
…
子どもの頃の エピソードも 役立つことが
母子健康手帳
卒業アルバム
本人が適応できて、
困っていないのであれば
治療の必要は
ありません
生きづらさ
日常生活に支障が出るような
「生きづらさ」があるなら、
診察を受けてみることも
よいでしょう
診断を受けることで、自分の特性
を説明できるようになり
一人で
抱え込まない
ように
長い目で
見て
サポートや 環境が大切
ハイ
周囲にサポートを頼む際にも
より具体的に依頼できるようになり
苦手なこと
できないこと
より…
サポートがあれば
実力を
発揮できること
お願いします
どうすればできるかに
目を向けよう
適応しやすくなるかもしれません

睡眠はとくに注意が必要

睡眠は、体と脳、そして心を休め、昼間インプットされた情報を整理したり、体内時計を整えて寝起きから日中を活発に過ごすためのホルモンを適正に分泌させるなど、健康にはたいへん重要なものです。

どうも日本人は、諸外国の人に比べると、睡眠の重要性を軽視しているようで、平均睡眠時間が7時間台と最も短い国民だという調査があります。とくに若者は「寝落ち」などといって、きちんとベッドや布団に入って睡眠時間をしっかりととろうとしていないように思います。夜は快適な寝室でぐっすり寝て、朝は太陽の光をしっかりと浴びて活動的に過ごすといった規則正しい睡眠覚醒リズムを身につけてほしいものです。夜にネットゲームをし過ぎて、徹夜して、朝から昼まで眠るような、昼夜逆転のような生活パターンは、心の健康に良くありません。

一方で中高年になると、加齢に伴い、若い頃のような深い睡眠がとれなくなってきます。布団に入ってもなかなか眠りに入れない（寝つきが悪い「入眠困難」）、夜中に目が覚めてしまう（中途覚醒）、朝も早く目が覚めてしまう（早朝覚醒）、長時間布団にいたのにぐっすり寝た感じがしない（熟眠困難）、すっきりしないなどの不眠症は、うつ病など心の病気の最初期段階ともいえます。

若者と違って中高年で不眠症に悩んでいる人に多いのは、「8時間、眠らなければいけない」「眠れないと、何か重い病気になってしまう」という思い込み（考え方）から、不安になって、心と体と脳が興奮してしまって（自律神経系が優位になって）、眠れなくなるという悪循環が起きているケースがあります。不眠症に対して、認知行動療法は有効性が高く、睡眠薬のような副作用がないので、欧米のガイドラインでは、不眠症治療の第一選択になっています。「眠る」は、「空腹を感じたから食べる」「尿意、便意を感じたから排泄する」と同じように、本来は、「眠気を感じたから眠る」というように、自然な生理現象として理解するのが大切です。リラックスして、副交感神経系が優位になるから眠気が生じて、眠るわけです。眠る前に、興奮するような不安なことを考えたり、スマホやテレビの強い光を目から入れて、脳を興奮させるようなことはやめましょう。「眠らなければいけない」ではなくて、「眠くなったら眠る」を心がけましょう。

眠くなったらしっかり眠る　脳と身体を休めよう

注意したい依存

依存は特別なものではない

依存というと、覚せい剤、麻薬やギャンブルなど、特別なものにハマって、警察沙汰になったり、生活が破綻したり、借金を抱えてしまうような状況を思い浮かべる方も多いかもしれませんが、お酒やタバコ、ネットゲームや買い物など身近な物や行為への依存も多いものです。

最近ではゲーム依存なども話題になっています。２０１９年5月には、世界保健機関（ＷＨＯ）でゲーム依存が「ゲーム障害（症）」という新たな病名として認定されました。ゲーム依存とはゲームのしすぎで、日常生活に支障を来してしまう状態です。すぐ身近にあるスマホやタブレット、家庭用ゲーム機、ＰＣできるところが厄介です。

ゲーム障害という病気が認定される以前から、ゲームをほどほどでやめることができず、「ネトゲ廃人」などと表現されるように日常生活がおろそかになったり、通勤、通学に支障を来したりしている人は少なくありませんでした。

依存の対象となりやすいもの

物質への依存（物質嗜癖）

- **お酒**

アルコール

- **薬物**

覚せい剤、大麻などの違法薬物、睡眠薬、抗不安薬、麻薬などの処方薬、咳止め薬、シンナーなど

- **たばこ**

ニコチン

行動への依存（行動嗜癖）

- **ギャンブル**
- **ゲーム**
- **スマホ使用**
- **買い物**
- **ポルノコンテンツ視聴** など

※摂食障害における過食・食べ吐きなどの行為も依存の一つと考えられる

対象は多岐に渡る

過剰に使用し、
コントロールが効かなくなり、
生活に支障を来してしまう

まだそこまで行かず、会社や学校には通えているけど、「寝なきゃいけないのに、ついネットゲームを続けて夜更かししてしまう」「朝からついゲームをして大切な約束に遅刻した」「だんだんゲームをする時間が長くなっている」「ゲーム中に呼ばれてもゲームを中断できない」「家族に隠れてゲームをしてしまう」「ゲームをしていない日は気持ちが落ちつかない」などの経験はないでしょうか。

まるで、アルコール依存の人が「夜通しお酒を飲んでしまう」「朝から、お酒を飲んでしまって大切な約束に遅刻した」「お酒の量が増えている」「お酒を飲むのを止めるようにいわれてもやめられない」「家族に隠れてお酒を飲んでしまう」「お酒を飲まない日は、気持ちが落ちつかない」といった症状を見せるのに似ています。

ゲームだけをするわけではない、またゲームはほとんどしないという人でも、スマホが一日中手放せない人は増えています。たとえばＳＮＳや動画視聴、アプリなど、ゲームではなく別の行為に依存している、もしくは依存しかかっている可能性はないでしょうか。

なお、スマホ依存という正式な病名はまだありませんが、最新の国際疾病分類第11版（ＩＣＤ-11）では、スマホに限らずなにかの行為に依存してコントロールできず、生活に支障を来してしまう状態は「嗜癖行動症」と呼ばれ、「ギャンブル行動症（いわゆるギャンブル依存症）」「ゲーム行動症（いわゆるゲーム依存症）」と並ぶ病名になります。「私は○○にのめり込んでいる」など、その「なにか」が特定される場合もありますし、特定できない場合もあります。

以前から買い物依存やポルノ依存など、いろいろな行為への依存が報告されていました。スマホの使用がコントロールできない場合、スマホからもたらされる情報の刺激に依存している状態なのかもしれません。

依存は強化され、進行していく

依存は、なんらかの現実逃避から起こると考えられています。現実生活では自分の居場所がないように思い、満足感が得られない状況では、アルコールや薬物、ギャンブルやゲームに依存したくなってしまうわけです。ですから依存からの回復には、現実の問題の解決をはかる必要があります。

最初は現実でのストレス発散のために、ちょっとした楽しみのために、と思って始めたことでも、その依存対象（アルコールや薬物、ギャンブルやゲーム）に「快感」という報酬（ごほうび）が結びつくと、その依存対象を「またやろう」と行動が強化されます。報酬によって行動の頻度が増えることを「正《せい》の強化」と呼び、脳内の神経伝達物質であるドーパミンと関連しています。「楽しいからやる」くらいなら、まだ、趣味の範疇といえますが、現実逃避のためにその依存対象に没頭し、くり返し使用しているとと依存につながります。

依存になってしまう理由は、くり返すうちに「耐性」ができて、以前と同じ刺激では同じだけの快感が得にくくなるからです。満足できず、もっと強い刺激により快感を得ようとさらに行動が強化されます。もっとたくさん、もっと強い刺激をと行動がどんどんエスカレートしていくのです。

そしてさらに依存が進むと、刺激のないときにイライラしたり、落ちつかなくなったり、気分が悪くなるなどの「離脱症状」があらわれるようになります。離脱症状とは、いわゆる禁断症状のことで、この離脱症状のつらさから逃れるためにも、刺激を求めるようになり、ますます依存が進んでいきます。また依存になると、脳にも変化が起こります。理性が働きにくく、衝動的、

もしかして依存？

- 明日の朝、早いのにスマホを使い続けて夜更かしししてしまって、大事な約束に遅刻してしまった。
- 試験が近いのに、勉強とは関係のない今見なくてもいいスマホコンテンツを見続けてしまい、成績がどんどん落ちている。
- 家族、友人、パートナーのような大切な人と一緒にいる時に、スマホ使用に没頭してしまい、相手とのコミュニケーションがおろそかになってしまって、人間関係がうまくいかなくなり、けんかが絶えない

本能的に依存対象を求めるようになります。

依存という病気のために頭のなかがそのことで占められ、ほかのことは一切手につかなくなります。わかっているけどやめられず、本人の意思の力ではコントロールすることができなくなってしまいます。

心理的な変化で人間関係にも影響が…

このように依存の状態では、理性に勝る本能的な衝動が強化されているので、自分の意志の力だけで、やめたり、コントロールすることができません。逆に言えば、自分の意志でやめることができれば、依存ではないわけです。

家族や周囲の人が「やめなよ」と注意したり叱っても、反発したり、その場だけ従って目を離すとまたその行動をしてしまったりします。「やめた」と嘘をつくこともあります。

その行為をするために家事や仕事や勉強など本来しなければいけないことをほったらかしたり、家族のお金を使ったり、借金をしたりといった自己中心的に見える行動もよく聞かれます。

また、本人が依存を認めないことも珍しくありません。スマホの使い過ぎを指摘された人に、どのくらい使っているか自己申告してもらうと、実際に使っている時間よりはるかに短い時間を申告することが目立ちます。正直にいうと叱られるから過小に申告している場合もあるでしょうが、本当にそれしか使っていないと思い込んでいる場合もあります。それに伴って、課金のしすぎや睡眠不足などの問題が起きていても「たいしたことない」「問題ない」と、あまり重大な問題だととらえないこともよくあります。「みんなもやってるから問題ない」「ストレス解消のために必要だから」と正当化することもあります。

このような、嘘、否認、正当化、問題の過小評価などは、ほかの多くの依存にも共通する心理的な特徴といえます。

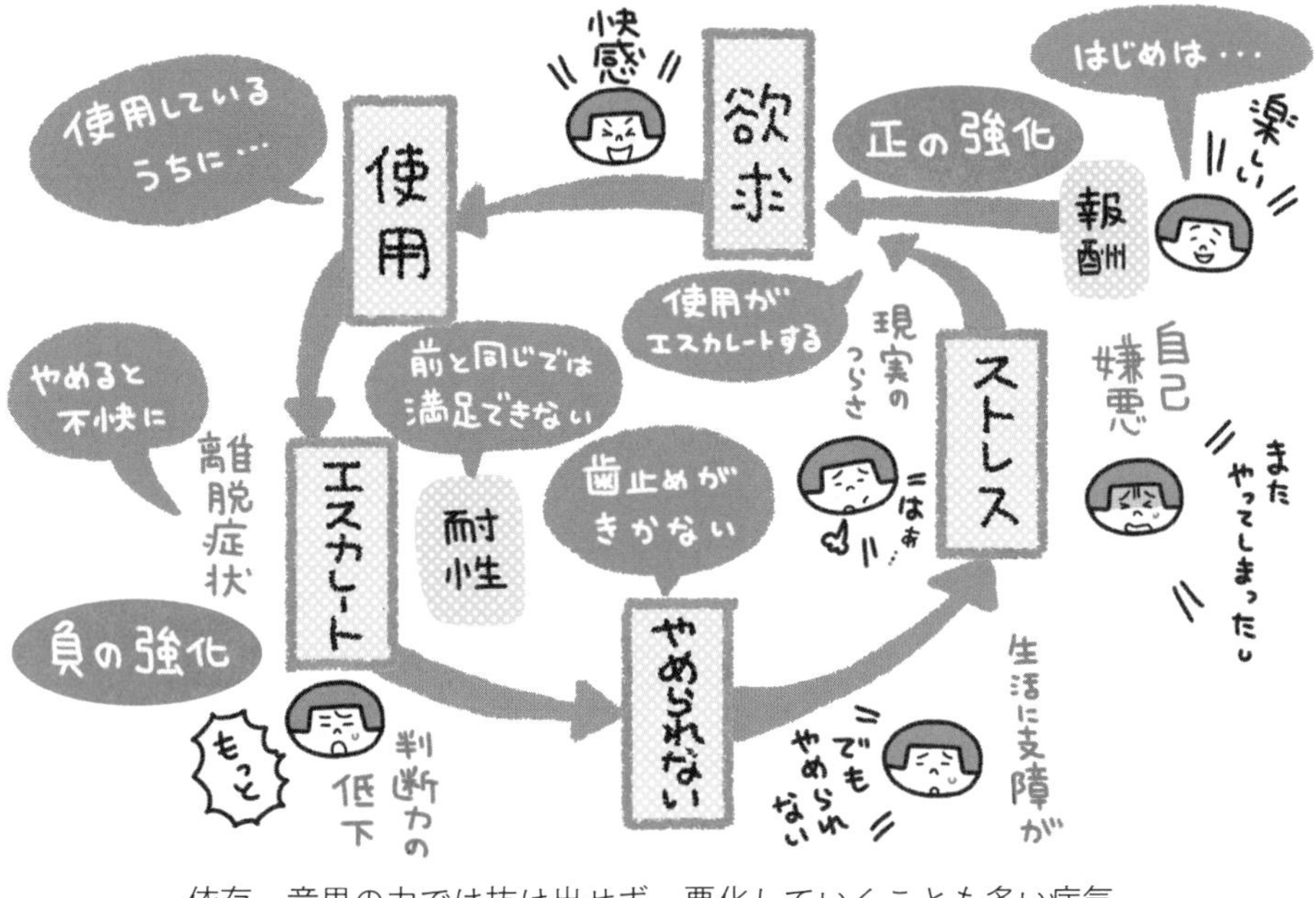

依存　意思の力では抜け出せず、悪化していくことも多い病気

この依存による心理的な変化のために、本来ならば、支えになってくれる大切な家族や身近な人とトラブルになったり、「信用できない」と人間関係が壊れてしまうことも大きな問題で、さらに依存症が悪化してしまいます。

摂食障害の根底にも生きづらさが

摂食障害という病気があります。食べ物を食べられなくなる拒食症（神経性やせ症）と、過剰に食べる（むちゃ食い）過食症があり、両方を交互にくり返す人もいます。過食のケースでは衝動的に大量に食べた後、吐いたり下剤を使用したりする（代償行為）もよくきかれます。

根底には「痩せている体型が魅力的である」という社会の価値観があると指摘され、若い女性に多い病気です。単なるダイエット願望と誤解されがちですが、行動の特性などには依存と通じるものがあり、本人は生きづらさや認められたい願望を感じていることが多いのです。

摂食障害の患者さんのなかには体重の増減で気分に影響を受けてしまう人もいて、食べた後、自己嫌悪に陥って自分を責めてしまう人もいます。

本人はかなり痩せていてもまだ痩せようとし、栄養失調から月経が止まったり、若いのに骨粗鬆症になってしまうこともあります。

行動を制御できない、傍から見ると合理的な判断ができないように見える、周囲の言葉に耳を貸さないなど依存との共通点は多く、食生活の改善とともに、依存症と同様、生きづらさにも目を向けた心のケアが必要です。

現実のつらさの解決もはかる

ある人は、大事な取引のために出かけなくてはならないのに、もう絶対に間に合わない時間になったと気づくまで、ずっとスマホでゲームをしてしまったといいます。「大事な用件があるのにそんなにゲームがしたかったのか」と驚くところですが、実際はその要件は苦手な取引先とのもので、自信がなく緊張し、悪い想像をしたり、何もできない自分を責めたりし、ストレスが大きく、そのつらさから逃れようと、思わず現実を忘れて没頭できるゲームに手が伸びてしまったのだそうです。

依存の原因としてはいろいろなことが考えられますが、きっかけに現実のストレスがあることは多いのです。依存症で治療を受けている患者さんのなかには、現実世界で強いストレスを感じていたり、うまく適応できていないという人が多いのです。仕事や家庭に悩みを抱え、アルコールやゲームに依存してしまうのです。

依存対象がその人にとっての数少ない癒しとなっている場合もあります。自分が直面している問題への対処方法がわからず、「それしか癒しがない」と感じられる状況であることも珍しくありません。そのような場合は依存対象をやめるだけでは回復は難しいでしょう。一時的に断つことができても、いずれ再発したり、ほかのものへ依存してしまうかもしれません。依存はほかの依存へ連鎖することも多いのです。

それ一つしか頼るものがないという状況が依存症のリスクを高めている面もあります。ですから一つのことに依存しているという状況は改善し、ほかにも「癒し」を見つけたり、問題解決のためのスキルを身につけたり、満足を得られる物や人の選択肢を増やすようにしておきたいものです。一つがうまく行かなくても、また別のよりどころがあればよいでしょう。できればそれぞれ健康的で、適応的なものがよいでしょう。問題解決のための方法は、本書の第5章でも紹介しますので参考にしてください。

依存対象を遠ざける

依存の行動を自分でコントロールするのはとても難しいので、うまくいかない場合は医療機関に相談することも検討してください。

依存症の治療法として、「セルフバインディング」といい、意図的に依存対象を遠ざけ、使用しにくいように自分との間に壁を作ることは代表的な一手です。すぐ目につい て、手に取れるところにあるものを我慢することは難しいので、アクセスしにくくするのです。たとえば、禁酒や禁煙にチャレンジする人はまず、家の中からお酒やタバコ、そしてそれらを使うためのワインオープナーや灰皿、ライター、電子タバコの充電器などの道具もなくすことが勧められます。

ゲームやネットに依存しているような場合、ゲーム機やスマホ、タブレットＰＣもなくすことができればよいのですが、とくにスマホは簡単ではないでしょう。そういう場合もたとえば「夜10時まで」「寝室では使用不可」など、使う時間や場所を決めるなどして、なんとなく手を伸ばして使うことのないようにします。

その点で覚せい剤、麻薬やカジノなどのギャンブルのように禁じられているものより、お酒やタバコなど身近に売られていたり、ネットゲームやパチンコ、競馬、競輪、競艇など合法なもののほうが、距離をとることは難しいといえます。

依存状態の人によくみられる行動で「探索行動」と呼ばれるものがあります。たとえばアルコール依存の人ならひとたびお酒を渇望すると、お酒を飲むために、通常以上に積極的にお酒やお酒を飲める場所を探し求めようとするものです。ふだんなら本人が入らないであろうキッチンにお酒を隠しても、強い熱意や観察眼で見つけ出してしまいます。理性では「お酒をやめよう」と思っていても、報酬を得ようとする脳の本能、衝動のままにお酒を探し求めてしまうのです。

お酒を遠ざけることは治療のために有効なプロセスですが、この探索行動により障壁自体が、「いかにして飲酒するかパズルを解く」という挑戦として魅力をもってしまうケースもあるので注意が必要です。

しかし、スマホから報酬につながる刺激を得ているような場合では依存対象を探しに行く必要がありません。パズルなど解かなくても、どんどん向こうから手に持っている端末のなかに刺激がくるからです。

そこまで依存リスクの高くない人も、このような環境で好きなだけ使用していれば、行動がエスカレートしていくのを止められなくなるかもしれません。

どこかで区切りを

依存対象にどっぷり浸かって、ずっとドーパミンをどしどし出している状態ではいずれ心身と脳の限界がきます。どこかで必ず疲れきって、本当にしなければならないことができなくなってしまいます。

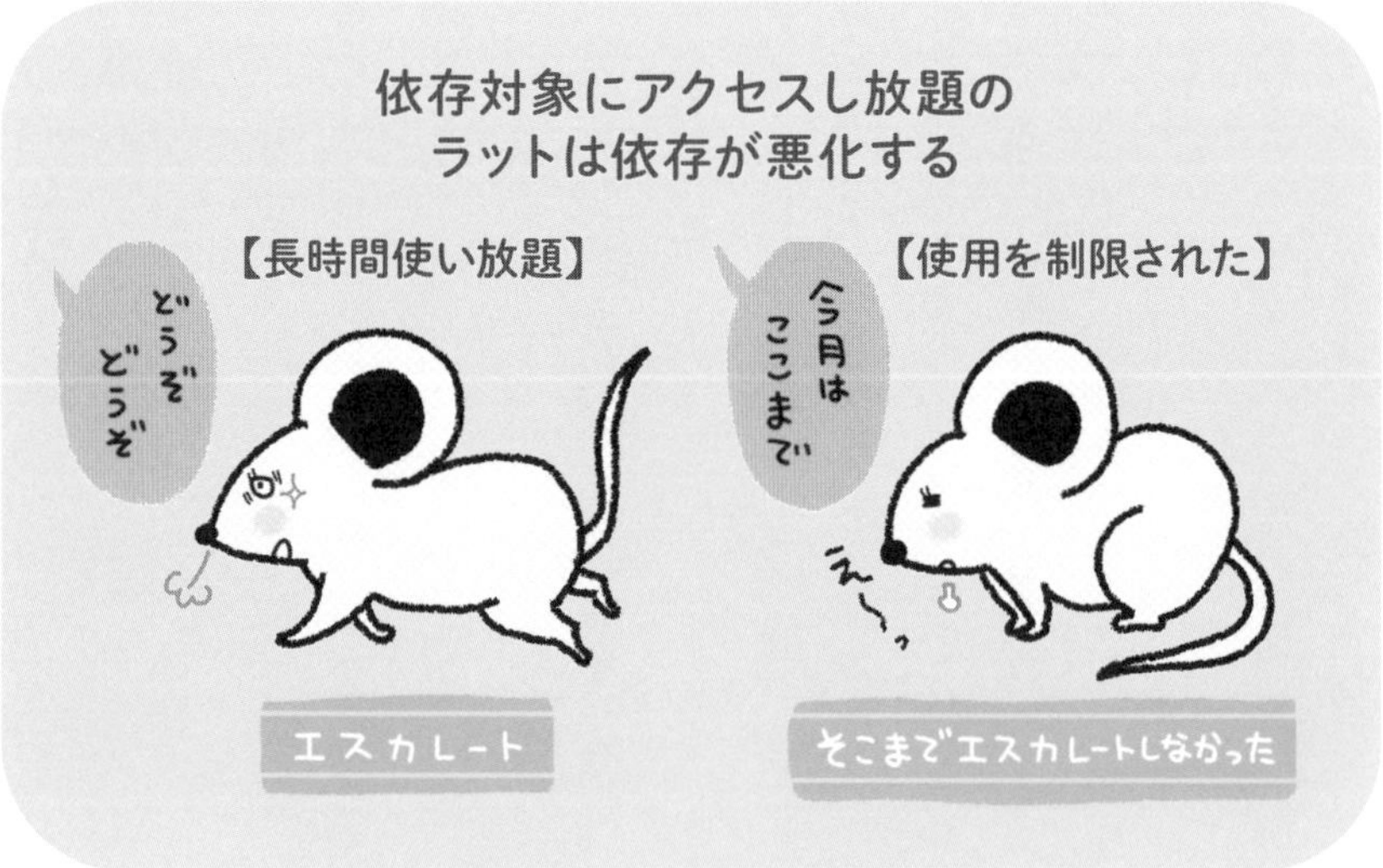
依存対象にアクセスし放題の
ラットは依存が悪化する
【長時間使い放題】
どうぞ どうぞ
エスカレート
【使用を制限された】
今月は ここまで
えー
そこまでエスカレートしなかった

意図的に依存対象から離れる時間を作ることは、
依存のリスクを下げる可能性がある

たとえば、車の運転では、高速道路をずっとスピードを出して突っ走っていては、よくないでしょう。疲れすぎて正常な判断ができなくなって事故を起こしたり、居眠りをして進めなくなったり、道を間違えたりするリスクが高くなります。目的地に安全に着くためには、適度に休憩をとることも重要なのです。定期的にサービスエリアに寄って休憩をとりましょう。

楽しいことであっても、あえてスイッチをオフにして脳の興奮状態を鎮めるようにしましょう。ひまで退屈な時間を作ることで、自律神経のバランスを改善することができるかもしれません。

ラットの実験では、長時間（６時間）コカインなど依存性のある薬物にアクセスできるラットはどんどん行動がエスカレートし、体が疲れきって死んでしまうまで薬物を摂取するようになりましたが、１日に短時間（１時間）しかアクセスできないように制限されたラットはそこまでエスカレートしなかったそうです（フランスとアメリカの研究者Ｓ．Ｈ．アハメドらの２００２年の研究論文より）。

意図的に使用できない、使用しない時間を作ることは依存のリスクを下げると考えられます。

領域に分けてバランスをとる

ここで、人生を4つの領域、たとえば①人間関係、②自分の成長（勉強、仕事）、③趣味・気晴らし、④自分の健康に分けるという方法を紹介します。

それぞれの領域における自分の価値観のバランスを考えてみましょう。その際、それらをよりよいものにしていくことを目指します。

趣味でネットゲームを楽しむ人は多いでしょう。でも人間関係も、仕事も、健康もすべてを捨ててゲームに没頭していたら、それはゲーム依存です。4つの領域のバランスがとれていません。

一方でeスポーツアスリートやプロゲーマーなどゲームのプレイが仕事という人もいます。仕事柄、長時間ゲームをしてい

人生を4つの領域に分けてみる

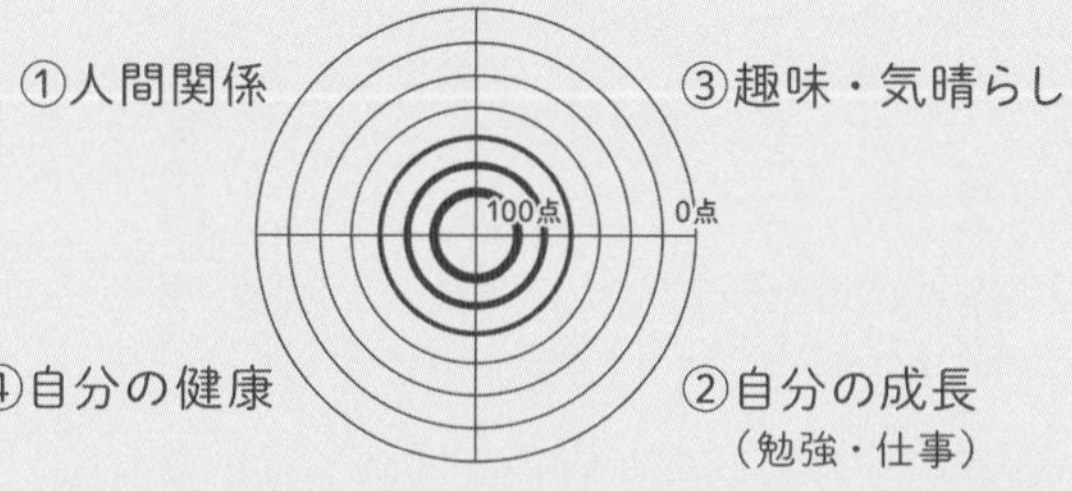

今していること（たとえばネットゲームとか飲酒といった行為）はどの領域に当てはまるか考えてみる

それぞれのバランスがとれているか検討する　→153ページ参照

ても、①人間関係、②自分の成長（勉強、仕事）、③趣味・気晴らし、④自分の健康のバランスがとれていればよいのです。人間関係も良好で、ワークライフバランスもよく、健康にも気を配れている状態なら、ゲーム依存症とは違います。

アルコールの場合も、飲酒が必ずしもダメというわけではなく、ソムリエのようにお酒を飲むことが仕事の一部になっている人もいますから、①人間関係、②自分の成長（勉強、仕事）、③趣味・気晴らし、④自分の健康のバランスを考えて生活をしていれば問題ないのです。

価値観のバランス

部署移動をきっかけにストレスがたまりがち人間関係で悩んでいます
バタン
はぁ〜
ストレス解消は推し活
推しは癒し
尊い〜♪
ツアーチケットとれない
この人推しに似てる
投げ銭でファンサくれる
距離近い！
応援してます ¥1,000
ありがとう☆ おかげで食べ
¥10,000
レッスン代でお金がかかる
地下 アイドル tube
高額課金をするようになりました
でも会社でストレスがたまると…
そんなにお金使って大丈夫!?
私には推しだけ はぁ〜
ありがとう
ポチッ
チャリーン
またヨロシク
貯金もなくなり、このままだとどうなるか心配です
私は酒豪で通っていましたが、だんだん酒量が増えてきてトラブルも起こすように
お酒を控えよう
もう飲まないっ
ハッ
記憶ない…
やめられない
いやなことがあるとすぐ飲んじゃう
飲み始めると止まらない
飲んじゃうんだね
アルコール問題
家にお酒を置かないようにしても、夜中にコンビニに行って買っちゃうし
どうしてこうなっちゃうんだろう
飲んでしまった後は、きまってとても落ち込みます
もう最悪…
24
自己嫌悪でほんとしんどい
地酒
酒
落ち込んだ気持ちを上げようと、また…

私はだらだらスマホで悩んでいます
あっまた こんな時間だ 明日も 早いのに
エンタメ
SNS
ゲーム
別に 今すぐしなきゃ いけないことは してません
寝ようと思って ベッドに入っても…
寝ません と…
眠い…
ホゥ〜
またミス してたでしょ スマホ依存 だね
そうかな〜
依存対象が身近な現代社会、遠ざけるのが難しい
ムリ ムリ
遠くへ…
社会が豊かになったことの あらわれともいえます
物質的に豊かに なったのに
そうだねえ 好きなことを 楽しむのは いいことだけど 依存には 現実の つらいことから 逃れたいという 一面もあるので
その解決法も 模索しつつ…
71ページの4領域で 考えてみて…
趣味・気晴らし
人間関係
自分の成長
自分の健康
自分の価値観の バランスが とれているでしょうか
オヤ だいぶ
かたよって ますね
アラララ
ほんと だ…
バランス とらないと
ほかのことも 充実させて バランスを とらなきゃ
ほぉ〜〜

疲れやすい思考ルートに陥っていないか

思考ルートを見直そう

　現代社会では生きていれば自然にどんどん疲れがたまってしまうというお話をしました。とはいえ、この現代社会のライフスタイルを変えることは簡単なことではないだろう、と思われるかもしれません。しかし何事も一歩を踏み出すことが重要で、そこからは、流れに乗って行けます。

　たとえば、SNS疲れを訴える方に「デジタルデトックス」が勧められることがあります。一定の期間、スマホやパソコンなどインターネットにつながるものをいっさい使わない環境に身を置くという方法です。デトックスは、体内から毒素を抜くという意味ですが、デジタル生活でたまった「心身と脳の疲れ」という毒を自分から流し出すのは重要ですね。デジタルデトックスでは、連休などの長い休みの期間に、身近にネット機器を置かない環境を作ってしばらく過ごしてみると、SNSやネットに依存してしまっている人は最初は落ちつかず、スマホを使いたくてうずうずするような状態が続きます。デジタルデトックスを始めたことを後悔したり、次にいつスマホを手にできるかを考え続けたりします。しかし、しばらくすると多くの人がそうした「とらわれ」から解放され、ネット以外の生活に目を向けられるようになり、気持ちが楽になるそうです。デジタル機器に依存しているような状態の人が機器との距離感をリセットするときには有効でしょう。

とはいえ、ネットなしの生活をずっと続けられるかというとそれは難しいのが現代人でしょう。短期間であればネットなしの生活にチャレンジできても、長期間だと仕事や生活環境でネットが必須という人も多いでしょう。

では、デジタルデトックスを長期間続けないと意味がないかというと、けっしてそうではありません。短期間でも、時々でも、やってみることで自分がどれだけネットに依存してしまっているかが理解できますし、ネットなしの生活で、普段の大切な物(人間関係、健康、個人的成長)にあらためて目を向けることができるでしょう。短期間のデジタルデトックスで、ネットに頼り過ぎの気持ちをうまくリセットして、疲れを解消するようにできるとよいですね。

思考を柔軟にし悪循環から抜け出そう

情報のような刺激を受けすぎて、疲れをためすぎてしまうのは、オンとオフを切り替える習慣がないせいかもしれません。例えば、体の健康ではオフィスでデスクワークの事務仕事が中心の人は、朝から夕方まで、同じ姿勢で椅子に座ってパソコンに向かい続けていると、目、肩、腰が疲れてしまうから、ときどき目を休めるように、遠くを見るようにしたり、肩をほぐすように腕を回す体操をしたり、腰を伸ばすように少し歩き回る休憩をとることが勧められていますね。

それと同じ考え方で、同じような行動ばかりを続けて、考え方が固くなってしまうと、心や脳の疲れにつながってしまうので、ときどきは、別の考え方をしたり、別の行動をしてみることがよいのです。

心や脳の疲れをため込む悪循環のパターンとして、いつもいつも悪いことばかりに目を向けていて小さなよいことに気づけなかったり、悩んでも仕方がないようなことを長時間悩み続けてしまったり、イライラ、むしゃくしゃした気持ちを健康的とはいえない方法で紛らわせる行動をしてしまったりなどが考えられます。

誰でも多少なりとも思い込みはありますし、ネガティブなことを考えてしまうことはあります。でもそれに気づいて「違うかも」と柔軟に方向転換できればよいのです。

考え方がおかしなこだわりで固定されてしまうと悪い方向に向かったとき修正がきかず問題です。悪循環を断ち切って、思考の柔軟さを取り戻し、疲れをためない好循環サイクルに切り替えていく方法を本書では紹介していきます。

第3章

幸せになりにくい思考ルート

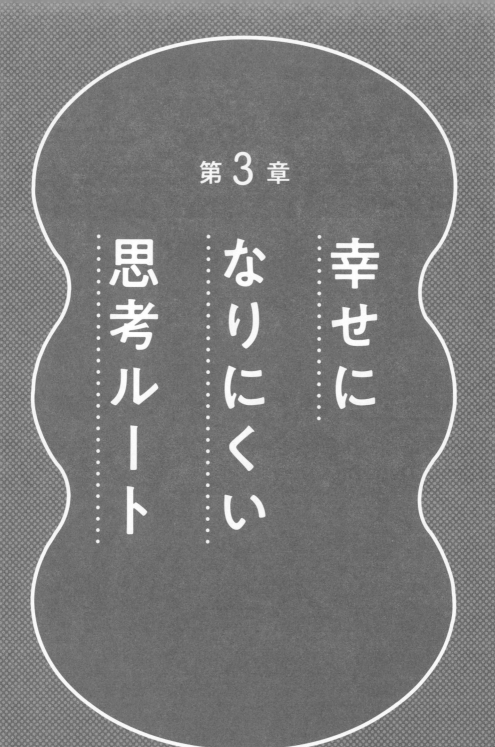

思考にはくせがある

感情と認知

認知行動療法は、精神科診療で医学的に効果が証明されている心理療法で、「ネガティブな認知（考え方）のくせ」に気づき、より適応的なものに修正していくという治療法です。通常、医療機関で行う治療法ですが、そのやり方を自分で学べば、心の健康づくりの方法としてふだんの生活に応用できますので、紹介します。

ここでいう認知とは、考え（物事を認めて知ること）のことです。同じようなできごとを経験しても、人それぞれに考え、感じ方は違います。

たとえば、スーパーの入り口に飼い犬と見られる柴犬がつながれていたとします。飼い主さんが買い物をする際、一緒に店には入れないので外で待っているのでしょう。この様子を見て「飼い主を待っていて、かわいらしい」と嬉しい気持ちになる人もいれば、「置いて行かれてかわいそう」と悲しくなる人もいるかもしれません。

つながれた犬を見たときに、頭に浮かぶものが認知（考え）です。これは、いろいろあってよいのです。感想も、おとなしく待っている犬だとか、心細そうに鳴いていている犬だというように変わるでしょう。こうあるべきというものはなく同じ状況に出会っても、人によって物事のとらえ方、見方は違いがあるのです。

なかには柴犬が危険だという思考から、こわいという感情をもつ人もいるかもしれません。そして、その柴犬が危険という認知も、動物が媒介する病気などの知識に基づいている人もいれば、子どもの頃に犬に噛まれてけがをした体験からそのように考える人もいるでしょう。瞬間的に頭に浮かんでくる「犬は危険だ」という「考え（認知）」とそれに伴う「こわい」という「感情」があることを自分でとらえることが、認知行動療法の第一歩です。

さらに、こわいという感情から、心臓がドキドキする、呼吸が速くなる、汗をかくなどの自律神経系の交感神経系が優位になった「身体反応」も起こります。そしてその後「犬から逃げる」などの「行動」につながっていきます。です。この行動につな

がるパターンが、あなたの生活の妨げになっていないかどうかを検証することが大切です。

認知が行動に影響する

スーパーの入り口に飼い犬がつながれていることは珍しいことではなく、たいていの人は支障なく買い物をしていますが、場合によっては困ることもあります。

たとえば、もしあなたが重度の犬恐怖症であれば、入り口に柴犬がつながれているスーパーで買い物をすることは著しく困難です。柴犬を見ただけで恐怖に足がすくみ「紐をちぎって襲ってきたらどうしよう」「自分が通りかかったときに大きな声で吠え始めたらどうしよう」などの考えが浮かんできてパニック状態になってしまいます。

しかしほとんどの人がそんな心配なく、買い物をしています。そばを誰が通っても柴犬はおとなしくおすわりをしていて吠えることもありません。紐も頑丈でしっかりしたポールや壁の装置につながれています。時おり「あら、かわいい」と目を向ける人はいても、ほとんどの人はさほど気に留めず通り過ぎていきます。買い物ができないほど柴犬に恐怖を感じているのは自分だけのようです。

知人と一緒に店を訪れたのに、知人だけ先に入ってしまったらどうでしょう。「早く来てよ」と知人が急かして来るかもしれません。友人を待たせて申し訳なく感じてしまうかもしれません。

そして、これがいつもだったらどうでしょう。柴犬が飼い主に連れられて去るまで毎回待つのでしょうか。

実際問題としては、店の入り口につながれておとなしくしている柴犬への恐怖で買い物もできないという認知は、デメリットが大きい非適応的な認知といえるでしょう。

これを、「柴犬はそこまで危険な動物ではない」「リードの届かない範囲を歩けばまず問題は起きない」という認知に変えることができれば、ほかのお客さんと同じように、その店での買い物をすることができます。

このように認知は、感情、身体反応、行動にも影響します。その認知を適応的で暮らしやすいものに変えようとする働きかけが認知行動療法です。

偏った認知で生きづらさが増す悪循環に

柴犬に対して「危険な動物だ」という偏った認知は、しばしば現在の行動を制限し、日常生活に支障を与える可能性があります。

もちろん、ドーベルマンや土佐犬のように、「大きく、力も強く、攻撃性をもって襲ってきたら危険」と誰もが認知するような犬もいます。これらを怖がることはより共感されやすいでしょう。トイプードル、チワワのような小さな犬では、「危険」という認知をもつ人は少ないでしょう。柴犬くらいだと「襲ってきたら危険」と思う人はもう少し増えるかもしれません。認知の偏りには共感されやすさも関係しています。

大きさにかかわらずとにかく「犬は危険な動物だ」という考え方が固いこだわりになってしまうと、どんな小さな犬でも犬を見るたびに恐怖の感情に襲われるようになります。また犬から逃げる行動が固いパターンになって、犬を極端に避けるため、犬と接する機会が減り、柴犬が実際にはどれくらいの脅威か、あるいは愛らしさが勝るといった新しい認知に更新される機会を失ってしまいます。

犬を避ける行動により、偏った考え方を修正する機会もなく、ますます恐怖感が増

①柴犬のせいで
買い物ができない
②スーパーが悪い、
飼い主が悪い
③自分はこの問題を
解決できない
④スーパーで買い物ができなくてつらい
⑤自己肯定感が下がる

大したり、さらには犬だけではなく猫を含めた動物全般に恐怖を感じるようになったり、愛犬家やスーパーにまで不満を募らせていやな気持ちになったり、負の感情が増幅する悪循環につながります。

このような思考ルートができている場合は、悪循環を脱するため固い考え方や固い行動パターンを柔軟にすることが必要です。認知（考え方）や行動を変える（変容する）方法を考えていきましょう。

認知が偏ると行動まで偏る

不安症の一つに社交不安症という病気があります。社交不安症の人は、人と接したり、人前に出たり、見られることに強い不安を感じます。人と接する場面で「たいしたことのない人間だと失望されるかもしれない」「うまくふるまえず変なやつだと思われるかもしれない」と不安に感じてしまうのです。こうした認知があると、人前に出たり、他人と交流することをことさら避けるようになって、他人より社交経験を積む機会が減り、ますます社交場面で自信が持てなくなります。

緊張による赤面やふるえなどの身体反応を隠そうと、ずっと俯《うつむ》いていたり、持ち物で顔を覆うような行動（安全行動）をしてしまうことがあります。かえって人目を引いてしまうこともあります。

また、自分のふるまいを気にするあまり、「また赤くなってしまった」「声がふるえてしまった」といったことにばかり注目（注意が向く）してしまうこともあります。「人前での発表」のような用事が果たせたことや、ほかにも緊張していた人がいたことなどには目が向かず、自分を責めてしまいます。そうしてさらに人前に出ることが苦手になっていきます。

認知が偏ることで、安全行動をとったり、注意が自分にばかり向いたり、行動まで偏ってしまうのです。

過度なネガティブ思考は心の負担に

不安症のなかでも、犬と遭遇したときに限って強い恐怖が生じる場合は、限局性《げんきょくせい》恐怖症（犬恐怖症）と診断されます。

ずいぶん
俯いてるなあ、
どこをみているのかな
注目されている、
恥ずかしい、
失望されてしまう

安全行動をとったり、自分に注意が向いたりしてしまう一方で「誰にも吠えない犬でも自分にだけは吠える」「自分は要領が悪くて買い物すらできない」など、犬に限らずすべての物事に過度にネガティブな認知が生じる場合は、うつ病になりやすい考え方のくせになっています。

物事の否定的で悪い面ばかり見るネガティブ思考ですが、慎重な行動やリスクへの備えにつながり、必ずしも悪いことばかりではありません。ネガティブな見方も必要な考え方なのです。しかし、過度なネガティブ思考は、生きづらさや不幸せにつながりがちです。

たとえば、いつも会ったとき挨拶する人が今朝は挨拶をしなかったとします。しかし、とくに理由が思い当たりません。こうした場合、ネガティブな考えが頑固なくせになっている人は「挨拶してくれなかった、嫌われたに違いない」「自分に魅力がないから飽きられた」「誰か自分を嫌っている人があの人に悪口を吹き込んだ」などと根拠なく悪い考えに悩まされてしまいます。

この考えのほうが合理的とか、可能性が高いなどの理屈を度外視していることも少なくありません。「忙しかったのかな」「考えごとをしていて自分に気づかなかったのかな」といったよほどありそうな考えより、悪い考えを優先して、それが正しいと思い込もうとすることさえあります。

一見よいできごとでも同じです。たとえば「この仕事よくできたね」とほめられても、「これ以外のときはたいしたことがないと言いたいのかな」と勝手に深読みします。何かの抽選で当選するといったラッキーなできごとがあれば、「競争率が低かったのかな」、「人気のないつまらないものだから当たったのかな」とその価値を下げます。

このように日常的に物事をネガティブにとらえることがくせになっていて、どんなことでもまず悪い面に目が向いてしまうとやはり悪循環につながり、心の負担が大きくなっていきます。

考えすぎでは…
挨拶をしてくれなかった
嫌われた？ もしかして…
スー

コラム　半分だけ水の入ったコップ

ネガティブな認知のたとえ話として有名なのは、
半分だけ水の入ったコップです。
このコップを見てどう感じるでしょう。

A「まだこんなに水がある」という感じ方
→肯定的　ポジティブ

B「もうこれだけしか水がない」という感じ方
→否定的　ネガティブ

ポジティブな見方をしたほうが幸せになると示唆する話のように
思えますが、「物事の見方は一つではない」ということに
気づいてもらうほうが大事です。
気持ちが上がっているときは「まだこんなに水がある」という
認知になりますし、気持ちが下がっているときは
「もうこれだけしか水がない」という認知になりがちです。
気持ちが上がっているときでも、下がっているときでも、
両方の考え方ができるとよいでしょう。

認知の偏りに気づくには？

3つのコラム

よくない思考パターンに客観的に気づくためにはどうしたらいいのでしょう。

認知行動療法では、患者さんの考え方のくせを見出すため、いろいろな方法が使われますが、そのうちの一つで「3つのコラム」というものがあります。これはとても簡単な方法なのでご紹介します。

左ページの図のような記入欄のなかに、あるできごとに対して、心に浮かんだ考えと感情を書いていきます。

まずは最近印象に残ったできごとを書いてみましょう。

ここで気を付けることは「できごと」は、客観的事実を書くことです。

たとえば「課長が『頼んでおいた資料はできた？』と聞いてきた」は事実ですが、それを「課長は自分が忘れっぽい人間だと思っていて、心配して頼んだ資料を念押ししてきた」というのは、もう主観的な考え（解釈）が入ってしまっているので、客観的事実とはいえません。

自分の考えや解釈を書くことが重要となるのは国語の作文や読書感想文で、それに対しできごとを客観的事実に基づいて書くというのは、理科の実験レポートです。客観的事実と主観的な考えと感情を分けて書くのは、慣れれば簡単にできるようになります。認知行動療法には、科学的に考える訓練という側面もあります。まずは科学者や新聞記者になったつもりで客観的事実をあげてみましょう。

次にその事実に対して浮かんだ考え（認知）を書きます。「課長は自分を忘れっぽい人間だと思っている」「課長の期待に応えて完璧な資料を作らなければいけない」など、その事実に対して頭に浮かんだ自分の考え（認知）を書きます。

そして感情を書きます。感情は、「嬉しい、

3つのコラム

あるできごとに対して、心に浮かんだ考えと感情を書き出してみる。

できごと	客観的事実を書く 例：課長が私に「頼んだ資料は用意できた？」と聞いてきた
考え	できごとに対して浮かんだ自分の認知
感情	快、不快、喜怒哀楽などを表現する言葉

３つのコラムに書き出して思考パターンを確かめる。

腹立たしい、悲しい、楽しい」などの快、不快、喜怒哀楽を表現する短い言葉です。うつ病や不安症の予防を意識するなら、「悲しい」という感情と「不安」という感情にフォーカスを当てるとよいでしょう。

できごと、考え、感情に行動を加えた認知行動モデル

次に、このできごと、考え、感情に、身体反応、行動を加えた認知行動モデルで説明します。

たとえば、道を歩いているときに、向こうから知らない人が歩いてきて、こちらに近づいてきました。自分に用事があるのか、それとも道のこちら側に用事があるのか、なにかを避けようとして進路を変えたのか、その瞬間にはわかりません。

3つのコラム

書き出したコラムを見て、それが偏りのないフラットなものか考えてみよう

できごと	課長が私に「頼んだ資料は用意できた?」と聞いてきた
考え	課長は私を信用していない
感情	悲しい

この知らない人が近づいてきたというできごとに伴い、その人の姿を見た視覚の情報は後頭葉を、足音を聞いた聴覚の情報は側頭葉を、自分が立っている道路の足の裏の感覚などの情報は頭頂葉を介して、総合的に相手と自分の距離、位置などを空間的に認知します。先日見た「知らない人に襲われた」というニュースの記憶から「危害を加えられるかもしれない」「危険だ」などの考えが浮かんできます。同時に大脳辺縁系、とくに扁桃体では恐怖や不安という感情がわき、自律神経系の交感神経系を優位にして、胸がドキドキするなどの身体反応も起こります。そして、前頭葉からの命令で、「目を離さずにいる」「身構える」などの行動も起こされます。

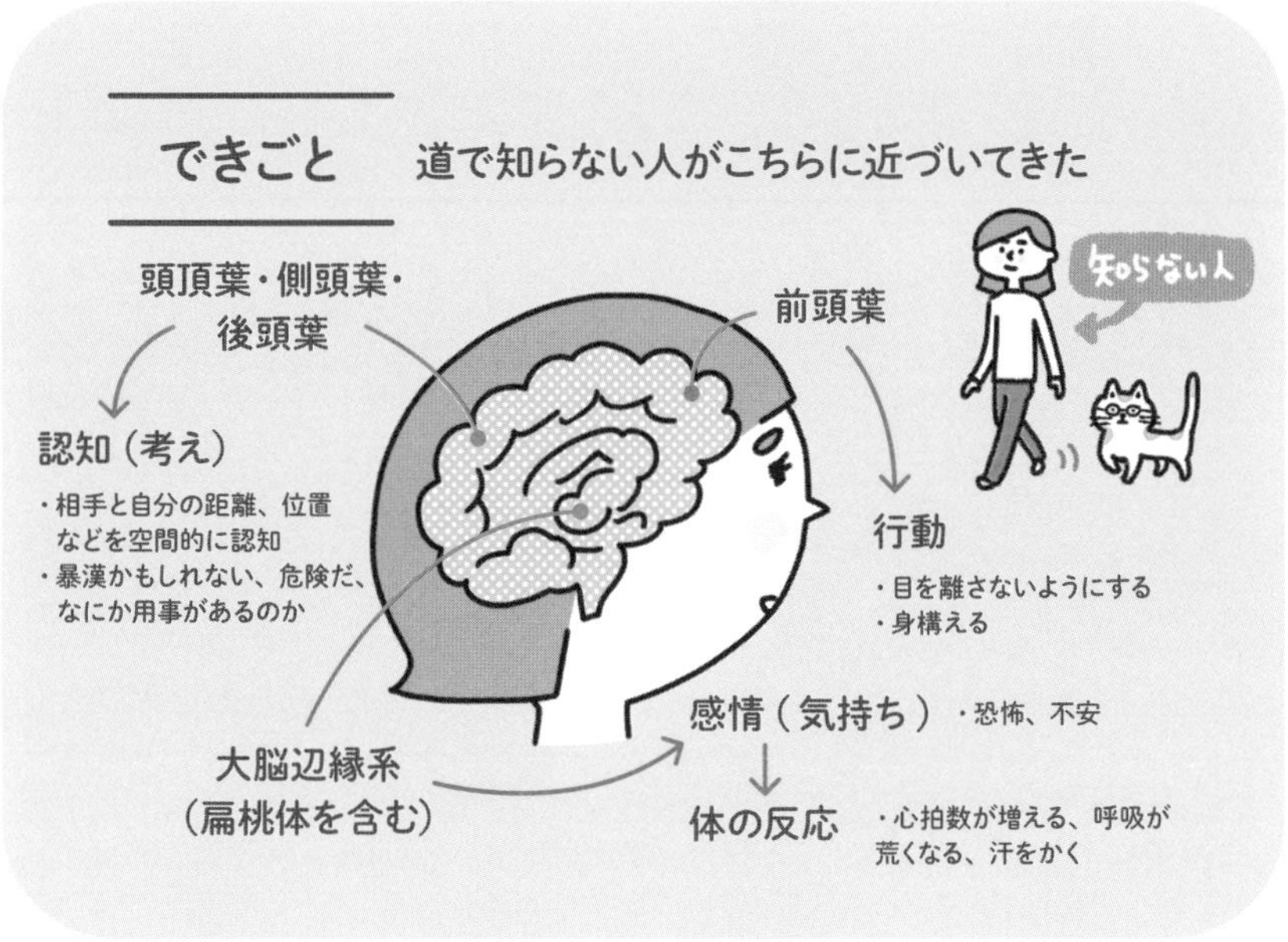
できごと　道で知らない人がこちらに近づいてきた
知らない人
頭頂葉・側頭葉・後頭葉
認知（考え）
・相手と自分の距離、位置などを空間的に認知
・暴漢かもしれない、危険だ、なにか用事があるのか
前頭葉
行動
・目を離さないようにする
・身構える
大脳辺縁系（扁桃体を含む）
感情（気持ち）・恐怖、不安
体の反応
・心拍数が増える、呼吸が荒くなる、汗をかく

感情を表してみよう

少し詳しく感情の表し方を考えてみましょう。

感情には、①快感などのポジティブな感情、②不快感などのネガティブな感情、③人とつながりたいというほのぼのとした感情があります。３つのコラムの感情の欄にはそれを意識して近いものを書くようにしましょう。

①の快感で興奮も、②の不快で恐怖、怒りも、自律神経系で交感神経系が優位になります。一方で、副交感神経系が優位になるような感情も重要で、それが③人とつながりたい絆《きずな》の感情（オキシトシンというホルモンによるもの）、ほっとする安心感、ほのぼのしたリラックス感、居心地のよい快適感、ゆったりとした充足感などです。

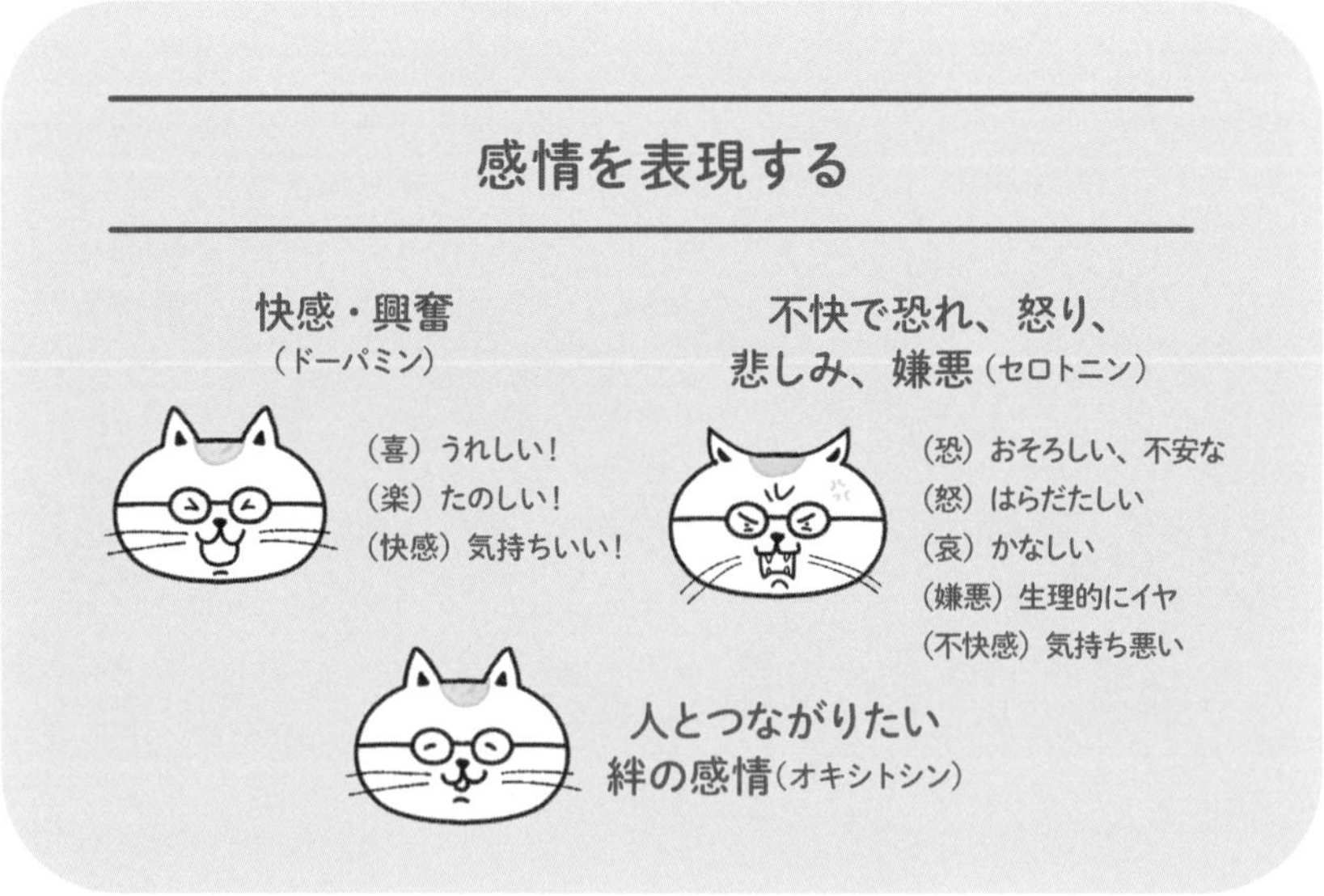

感情を表現する
快感・興奮
（ドーパミン）
（喜）うれしい！
（楽）たのしい！
（快感）気持ちいい！
不快で恐れ、怒り、
悲しみ、嫌悪（セロトニン）
（恐）おそろしい、不安な
（怒）はらだたしい
（哀）かなしい
（嫌悪）生理的にイヤ
（不快感）気持ち悪い
人とつながりたい
絆の感情（オキシトシン）

身体反応

感情の動きとともに、下記のような体の反応に気づいたらそれも書いておきます。「顔が赤くなったり、青くなったり」という表現があります。顔が赤くなるのは、興奮して交感神経系優位となって、血圧が上がり、血管が収縮し、心拍数が増えている状態で、闘争か逃走か反応というように、すぐに戦ったり逃げたりできるように体が準備しています。一方、顔が青くなるのは、ショック状態で副交感神経系が優位となって、血圧が下がり血管が拡張し心拍数が下がる状態で、このほうがけがをした部位の出血が少なく済むからです。フリージングといって凍ったように動かずに、死んだふりをして敵をやり過ごす態勢をとる行動にも通じています。

身体の反応をとらえよう

憂うつ
・食欲がない
・体がだるい
・頭が重い
・集中できない
不安、恐怖
・胸がどきどき（循環器系）
・息がはあはあ（呼吸器系）
・汗びっしょり
・ぶるぶるふるえ…
・頭が真っ白
・おなかが痛い、
下痢（消化器系）

感情から身体の反応が引き起こされる

一次感情と二次感情

このときコラムに記入する感情はシンプルな、いわゆる一次感情のようなシンプルなもので表現できるとよりよいでしょう。一次感情とは、喜怒哀楽のような一番単純な感情のことです。

2015年に公開されたディズニー映画『インサイドヘッド』をご存じでしょうか。アカデミー賞の長編アニメーション賞を受賞している作品です。原題では『インサイドアウト』といい、主人公の頭のなかの感情がキャラクターになっています。このようなイメージで感情をとらえるとわかりやすいかもしれません。登場するキャラクターたちは、日本語版ではそれぞれ「ヨロコビ」「イカリ」「カナシミ」「ムカムカ」「ビビリ」と呼ばれています。

ポジティブに思える感情はヨロコビだけですが、それ以外のいわゆるネガティブな感情も不要なわけではありません。たとえばムカムカする感情も不愉快ではありますが、なくてはならない感情です。たとえば、食中毒や感染症にならないために汚いものや得体の知れないものを避けようという場面では有用です。同様にそのほかの感情も生存のためには必要なのです。

以上の一次感情に加えて、二次感情が知られています。二次感情は、異なる一次感情が混ざり合っている感情や特別な意味を持った感情であったりして、より難しい漢字を使って表現され、「罪悪感」「後悔」「自責」「恥辱」「憎悪」「侮蔑」「感傷」「楽観」などがあげられます。

感情も習慣で築かれる

自分に湧き上がってきた感情について、「誰でもこのような場面ではこうした感情になるだろう」と思いがちですが、実際には感情には、これまでの経験や環境が影響しているので、人によって違いがみられます。

それだけでは何の意味の持たない音（あるいは光）のサインと同時に、恐怖を起こす電気ショック（嫌悪刺激）を与えるという実験を受けた動物では、音（あるいは光）だけで恐怖を起こすように、「条件づけ」られます。条件づけられると電気ショックを受けることがなくても、音（あるいは光）だけで恐怖反応を示すようになります。本来、音（あるいは光）は怖いものではありませんが、恐怖条件づけといって、恐怖の感情が引き起こされるようになったのです。

これは、恐怖症、不安症の動物モデルとされています。この恐怖条件づけの実験では、その後、電気ショックのない音（あるいは光）刺激を毎日毎日与え続けると、やがて、音に慣れて、恐怖反応を示さなくなります。これが「慣れ（馴化《じゅんか》）」という現象で、恐怖症、不安症の認知行動療法（とくに曝露療法）の治療原理となっています。不安症の認知行動療法では、「〇〇（音のような本来怖がる必要のない刺激）は危険」であるという考えだけでなく、「〇〇は危険でない」という考えもバランスよくできるようになることを目指します。

また、逃げることのできない状況で、電気ショックのような嫌悪刺激を受け続けるという動物実験では、最初は懸命に逃げようとする努力を続けている動物も、やがて逃げることができないことを理解してしまい、避けようとする行動をやめてしまいます。どうすることもできない「無力さ」を学習してしまうのです。その結果、今度は、逃げられる状況になっていても、もうあきらめて、逃げようとしなくなってしまいます。この現象を「学習性無力」と呼び、うつ病の動物モデルとされています。

条件によって感情が引き起こされる

①音や光と同時に、電気ショックなどの刺激を与える

②音や光などをきっかけに、
いやな経験を思い出し反応するようになった

③さらに音や光だけの刺激を受け続けると、
やがて恐怖反応は示さなくなる

条件（音や光などの刺激）だけで恐怖を感じたり、
逆にその刺激のみにさらされ続けることで、恐怖を感じなくなる

「自分にはもうどうしようもできない(Helpless)」「やるだけ無駄だ」と学習してしまったわけです。心を折られて、打ちのめされ、立ち上がれない状態です。

学習性無力に陥っているうつ病の人への認知行動療法では、「自分は無力だ」というネガティブな考えだけではなく「自分は無力ではない」、さらに「自分の意志で逆境に対処できる」とポジティブな考えも持つことができるよう目指します。

動物だけでなく、人も過去のつらい経験によって、その状況と感情が結びついたり、影響を受けたりしています。人の恐怖条件づけで不安症になったり、学習性無力でうつ病になったりしてしまうことがあるのです。

無力感を学習してしまうことがある

避けられないような苦痛をくり返し受けていると…

行動をしなくなってしまう

人も過去のつらい経験によって、その状況と感情が結びついたり、影響を受けたりしています

考えをとらえよう

一次感情は、人間だけでなく動物にもみられるようなわかりやすい感情です。喜び、悲しみ、怒り、恐怖、嫌悪感があげられます。これらのような「熱い」感情につながっている考えを、hot cognition（ホットな認知）と呼びます。強い感情（気持ち）を起こす認知（考え）にはパターンがあります。

たとえば、おいしい食物のような素晴らしい「報酬」を得たと認知するときは喜びの感情が起こります。逆に大事な物を失うような「喪失」があったと認知するときは悲しみが起こります。自分の縄張りを「侵害」されたと認知するときは怒りが起こります。自分より体の大きな敵に出くわして、「危険」「脅威」と認知するときは恐怖が起こります。

そのほかにも、食中毒や感染症などの「健康の危険、健康の脅威」と認知するときは、嫌悪感が起こります。これは、腐敗したものを食べて「オエッ、むかむか、気持ち悪い」と吐きたくなったり、腐敗したものを見たり、においを嗅いだときに「うっぷ、むかむか、気持ち悪い」と感じますね。感染、汚染を「健康を害するものだから避けるべき」という認知と関係があります。

「恐怖」あるいは「不安」という感情を起こすもとにはなんらかの「危険＝脅威」と

する考えがあります。柴犬を見て「こわい」と思うには「柴犬は危険」という認知があるということです。

「怒り」の感情を起こすもとの「ルール破り＝侵害」とする考え、「悲しみ」、「憂うつ」を起こすもとの「なくした＝喪失」とする考えの具体例として、先述のコップの水のたとえを、砂漠の旅にアレンジして考えてみましょう。砂漠を旅しているときに、ペットボトルに半分入った水を見たらどうでしょう。

・「不安」という感情「もう半分しかない。このまま、飲み水がなくなったら、脱水で死ぬ（＝脅威）」とする考え

・「怒り」という感情「砂漠では節水すべきというルールがあるはずなのに、誰がそのルールを破って、こんなに水を飲んだんだ！（＝侵害）」とする考え

・「憂うつ」という感情「大事な水が半分になってしまった（＝喪失）」とする考え

・「喜び」という感情「大事な水が半分もまだ残っている（＝報酬）」とする考え

このように感情のもとには、それにつながる考えが存在するので、それを理解することが重要です。

行動につながっていく

感情とそれを引き起こす認知のとらえ方についてお話ししました。次は行動です。

人は、感情（気持ち）、身体反応、認知（考え）に影響されて、行動しているものです。これらから引き起こされた自分の行動について考えてみましょう。

犬を見て「犬は危険、脅威」という認知から「不安」という感情、「心臓がどきどき、呼吸がはあはあ、汗がだらだら、体がぶるぶる」という身体反応があらわれ、「店に入らず、逃げ帰る」という行動につながったとします。

こういう行動が「犬がリードをちぎり、自分は襲われて死ぬ」というネガティブな考え（認知）に由来するものだと気づいたら、その認知も書いておきましょう。

こうして認知行動モデルのそれぞれの因子のピースをそれぞれ埋めてみると、認知（考え方）と感情と身体反応と行動とのつながりがよくわかります。

その行動は
適応的か
0.00048％
最悪の考えが現実に起こる確率を
考えてみることが大事

大切なのは、行動が役に立つのか（適応的）、役に立たないのか（非適応的）です。「店に入らず、逃げ帰る」という行動は適応的でしょうか。逃げれば、犬に襲われて死ぬことはないという利益がありそうですが、死ぬまでのことはそうは起こらないでしょう。一方で店に入れず買い物ができなかったのですから、不利益が非常に大きいといえます。

飛行機恐怖症の人の「飛行機に乗らない」という行動は、飛行機が墜落して死ぬという考え（認知）に基づいています。飛行機事故で死亡する確率は０．０００４８％で、そのために飛行機には乗らないという人は少ないですね。

そこで、「犬がリードをちぎり、自分は襲われて死ぬ」がどのくらいの確率で起こるのか、飛行機事故で死ぬ確率と同じくらいなのかというように、よく考えてみるとどうでしょう。そこまで確率が高くないならば、行動しやすくなると思います。適応的な考えから、「リードの長さから、絶対に犬が届かない距離を目測して、店に入る」のような適応的な行動ができると思います。

行動は、明らかに目に見える「ふるまい」に加えて、頭の中で意図的に「行動するように考えること」もメンタルアクトと呼んで行動に含めます。どちらにしても、適応的な行動なのか、非適応的な行動なのかを考える習慣をもつとよいでしょう。

この時点では無理に行動や認知をどうにかしようとしなくてもＯＫです。自分はそういう認知を持っているんだなと気づくことが大切です。

心の疲れを増幅してしまう考え方のくせ

ネガティブな考え方のくせ10パターン

心の疲れをためがちな人にはネガティブな考え方のくせがあるとお話ししました。考え方のくせは行動につながっていくので、ネガティブに偏りすぎた考え方のくせがあると、生きづらさにつながりがちです。

この生きづらさにつながる考え方のくせを認知行動療法では認知の偏り、認知の歪みといい、そしてこの認知の歪みにはいろいろなパターンがあります。そのなかでも、デビット・D・バーンズ氏が『いやな気分よ、さようなら』、『フィーリングGoodハンドブック』などの著書で紹介している10個のパターンが有名ですので、ここで解説しながら紹介します。自分や身近な人の考え方のくせに当てはまるものが見つけられるかもしれません。

1 全か無か思考

オール・オア・ナッシング、白黒思考、二分思考とも呼ばれます。物事を白黒つけないと気が済まない、あいまいな状態を許せないとする考え方のくせです。先述した

「不確実の不耐性」にもつながります。たとえば、100点満点のテストでは100点をとらないと価値がないと考えるような思考です。このくせがあると99点とったとしても満足できません。全体的に見れば物事がまあまあうまく行っているのに、少しでも気に入らない点があるとそこが気になり、すべてだめに思えてしまいます。もちろん理想は100点でしょうが、現実に生きていれば完璧とはいかないことも多いので「ほどほどでもＯＫ」を受け入れられないと生きづらくなってしまいます。

２過度の一般化

一度のできごとを、それがすべての物事の法則に通じるように一般化しすぎてしまう考え方です。たとえば1回失敗するとそれだけで、これ以降何をやっても自分は絶対失敗すると感じたり、一人に嫌われただけなのに「みんなが私を嫌っている」のように考えてしまいます。実際には、一度のことですべてのことを判断することはできないはずです。この考え方のくせがあると、一度犬に吠えられたら「私は、すべての動物に好かれない、嫌われる」と根拠なく対象を広げて考え始め、違う動物には懐かれるという可能性を考えられなくなってしまうのです。

３心のフィルター

「色眼鏡でものを見る」という表現がありますが、ネガティブな心のフィルターを通して物事を受け取ると、よい面を見ずマイナス面ばかりに目を向けます。たとえば花束を見て「少し古い花が混ざっている」「包装紙が安っぽい」など些細なマイナス要素が目に入り喜べません。ほとんどがきれいな花で、丁寧に包装されていたとしてもです。

たとえば自分の仕事に対してさまざまな評価が寄せられたとき、よい評価のほうが多かったとしても、心のフィルターは悪い評価だけを通して見せてしまいます。よい評価よりずっと少なかった悪い評価にばかり注目して、よい評価は目に入らなくなってしまいます。

4 マイナス化思考

ネガティブ面にばかり目が行くのではなく、ポジティブなこともネガティブな見方に変換してしまう考え方です。たとえばほめられたとき、素直に喜んで自信を持つのではなく、「どうせたいしたことではないと思っていて、皮肉で言っているんだ」とか、「自分だけでなく、誰にでも同じことを言っているような社交辞令に過ぎない」などと考えて、ほめられたというポジティブなことをネガティブなことに変換してしまいます。この変換はよいことをマイナスにするときにだけ行われ、もともとよくないできごとについては「やっぱりね」「思った通りだ」と受け止め、プラスへの変換は行わないのが特徴です。このような考え方が習慣になっていると、何を見ても聞いても嬉しい感情が起こらなくなってしまいますね。

5 結論の飛躍

過程をとばして結論までジャンプしてしまうと、とんでもないことになります。ジャンプせず、一つ一つ根拠を積み重ねることで結論を出したいものです。とびつきたくなる結論というのは、以下の２パターンのネガティブなものです。

①「心の読みすぎ」自分は「人の心が読める」というテレパス（心を読める超能力者）のような誤った思い込みで、間違ったネガティブな結論へ飛躍してしまいます。たまたま寝不足であくびをした相手を見て、この人は私のことをつまらない人だと軽く見ているという結論を出してしまうようなことです。

②「先読みの誤り」自分は「未来を読める」という未来予知ができる超能力者のような誤った思い込みで、「どうせこの後は、悪いことが起きる、失敗する」と勝手に悪い未来を予想して結論に飛んでしまうのです。

6 誇大視と過小評価

悪いことは大きく見て（誇大視）、よいことは小さく見る（過小評価）ために、いつでもネガティブなことがポジティブなことを押しのけて優位になってしまいます。

たとえば、自分の苦手なことや短所をことさら過剰に大きな問題として考え、一方で、自分の得意なことや誇ってもいいような功績を些細なこと、取るに足らないことと過小に評価します。ネガティブな面を見るときと、ポジティブな面を見るときのバランスがトータルでマイナスになるしかないように歪んでいるのです。

会話のなかでたまたま知らない言葉があったくらいで「恥ずかしい」「自分は勉強不足で非常識だ」と過剰に悩み、別の知識をほめられても「たまたま知っていただけだ」「今ほめられてもいずれボロを出す」などと考えます。自己評価でこの思考に陥ると悪い点ばかり目立って、自信を失ってしまいます。

7 感情的決めつけ

「こんなに不安なのだから、きっとこの計画は失敗する」とか、「こんなに嫌な感じがするのだから、あの人は何か裏で悪だくみをしているに違いない」とか、自分の感情が、物事を判断する大きな根拠のようになってしまっているパターンです。事実の積み重ねや客観的な判断ではなく、気に入る、気に入らない、快、不快など自分の気分によって物事を評価します。

直感的に感情で決めることは、短時間で決められるので常に悪いわけではありませんが、時間をかけて根拠に戻づいて論理的に決めることがないというのも、バランスがとれていません。いつでも感情でばかり決めるのは短絡的すぎます。実際がどうであるかをきちんと評価せず、「気に入らないからよくないものだ」などと根拠のない印象だけで結論付けていて、「私がそう感じるのだから事実もそうなのだ」とそれが真実だと思い込んでしまうのが問題です。

８ すべき思考

勝手に「こうすべき」「こうであるべき」という基準を作り、それに合わないものを否定的に考え、認めないという思い込みです。自分に対して「あのくらいのことは当然できるべき」「私は部下から尊敬されるべき」と思い込んでプレッシャーを感じたり、他人に対して「頼まれたら最善を尽くすべき」「メールにはすぐに返信すべき」と厳しい目を向けてしまい、自分の基準に沿っていない状況で不満が募ります。自分や他人に対する評価が厳しいため、自分や他人に対して不満を抱きがちです。

９ レッテル貼り

レッテルとは商品に貼るラベルなどのことで、レッテル貼りは「機械オンチ」「陰キャ」「コミュ障」などラベルを貼りつけて分類するようにイメージを固定化してしまうことです。

自分にレッテルを貼ると、不思議とその通りにふるまうようになってしまうものです。たとえば「コミュ障」などと自分にレッテルを貼ると「コミュ障だからコミュニケーションは苦手」と決めつけ、「行っても恥をかくだけ」と誘いを断ったり、友人を作ろうとしないなど、できることにも挑戦しなくなります。物事はもっと柔軟にいろいろな側面から見るべきなのに、レッテルを貼ってしまうと別の見方ができなくなります。

10 自己関連付け

冷静に考えればそうとは限らないのに、悪いことをなんでもかんでも根拠なく「自分のせいだ」「自分が悪いからだ」と考えます。「自分は雨女だから雨が降った」などは、その代表例です。ほかにも、自分は何も悪くないのに、誰かの失敗を自分のせいだと思い込んだり、他人の不幸を自分の責任のように感じたりします。周囲でトラブルがあるたびに「自分に関係があるはずだ」と背負い込んで気にしてしまうため、自己評価が低くなりがちです。

自分の責任なのに、自分には責任がないと責任逃ればかりしてしまうのもよくはないですが、その反対に、自分の責任でもないのに自分の責任だと思ってしまうのもバランスが悪く、同じようによくないです。

このような認知の歪みがあると、必要以上に、自分を否定し、世界を否定し、将来を否定することになって、うつ病になりやすい考え方をしているということになります。ネガティブなことを考えることもあっていいのですが、同じくらいのバランスでポジティブなことを考える必要があるのです。根拠のない悲観的な見方がくせになっている場合は修正したほうがよいでしょう。

第4章

思考を柔軟に

認知行動療法をベースにしたバランス思考

考え方のくせに気づいたら

生活習慣病という言葉があるように、食事、運動などの生活習慣が不健康だと、糖尿病、高血圧症などいろいろな病気につながり、脳卒中、心筋梗塞、がんなどのリスクが高くなります。同様に考え方のくせも生活習慣で、心の病気の発症につながります。もし、3章で紹介したネガティブな考え方のくせ10パターンのような心の負担が大きい考え方のくせがあることに気づいたら、それを改善しましょう。

認知の歪み、認知の偏りをバランスのよい適応的なものに変えるのが認知行動療法です。ネガティブに偏ってしまう固い考え方のくせをポジティブな考えも含めてバランスのよい柔軟な考え方に変えていくのです。

第一歩として、たとえば、自己肯定感を高めるために自分のよいところを評価すること、そしてそれを習慣にすることがあげられます。行動でも考え方でも生活習慣を変えるためには、まずは「変えることができる」と思い、一歩一歩できる範囲で心がけていきます。するといつの間にかよい習慣が身についているのです。

ポジティブを意識するとバランスがとれる

心の健康のためには、ネガティブ思考よりもポジティブ思考がよいとはいえ、「のんきにポジティブなことばかり考えていて大丈夫なのか？」と心配になるかもしれません。もちろんポジティブだからといって、必ずしも無計画、無責任というわけではなく、根拠のあるポジティブな考え方をすればいいのです。

そしてやはり、ポジティブな考えだけではそれも偏っているといえます。

人は動物由来の生存本能として、怖かったできごとを楽しかったできごとよりも優先的に記憶に残すため、基本的にネガティブな考え方になってしまうものです。ですから、すでにネガティブな思考に偏ってしまっているような人では、あえてポジティブな見方をするくらいでバランスが取れてちょうどよいところがあります。

また、ここで大切なのは、ものごとには必ず別の考え方、見方があるということを意識することです。思考を柔軟にし、別の考え方、見方を常に探すようにするのです。

バランスのよい柔軟な考え方はよい生活習慣です。これを身につけるためには、第一に、自分がネガティブな考え方に偏っているかどうかに気づくこと、第二に、バランスをとるために、ポジティブな考え方も見つけることという2段階のステップが必要になります。

今日からできる心の生活習慣改善

ポジティブな考え方をくせにする

では実際に、バランスのよい柔軟な考え方を生活習慣にするよう練習してみましょう。

いつものようにネガティブな考えが浮かんできても、心を柔軟にして「そういう考え方もある、でも別の考え方もあるのでは？」と、今度は物事のよい面を見ようとしてみましょう。よいことはどんなことでもかまいません。

たとえば、6時に起きようとしていたのに起きたら8時だったというとき、どんな考えが浮かぶでしょう。「今日の出だしは最悪だ、こんなに寝坊するなんて自分はダメ人間だ」「評価も下がって、この先悪いことばかりだ」という考えが浮かび、気分が落ち込んだとします。これは、「先読みの誤り」「結論への飛躍」の考え方に陥ってしまっていますね。この考え方を別の考え方に変えてみます。

たとえば、「私は6時に起きようとしていたのに起きられないくらい睡眠を必要としていた」「多く寝た分、寝不足が解消され、より大きなミスを防ぐことができるかもしれない。日中の集中力が高まり、仕事もはかどるだろうし、なにより自分の健康によい」と考えてみるのです。

多く寝た事実はもう変えられませんが、考え方をネガティブからポジティブにすると、つられて気分もネガティブからポジティブに変えることができます。落ち込んだり、長い時間悩み続けても事実は変わらないのであれば、気持ちを切り替えられたほうがよいでしょう。

またネガティブにとらえるだけでなく、ポジティブな見方もすることで、思考のバランスをとることができます。こうしてネガティブな考えに対して、ポジティブな見方もできないか探してみることを習慣にしていくと、バランスがとれるようになっていきます。

すぐに「よい面なんか思いつかないや」と思ってしまった場合は、一休さんのとんち話を思い出してみてください。

一休さんは「このはし、わたるべからず」のような無理難題を言われるのですが、堂々と橋を渡った挙句、「『はし』ではなく、橋の真ん中を渡ってきました」と答えるという「とんち」です。

多少無理があってもよいのです。とんちも練習すれば、思いつくようになります。ポジティブな見方も、多少無理があっても練習し続けることが大事です。

それでも、「よい面がまったく見えない、思いつかない」という場合は、「今は、ネガティブ思考がくせになっているだけだから、これからものの考え方、見方はバランスのよいものに改善されていく一方だ」と考えるのはどうでしょう。

検察官と弁護士

また、「自分を責める」考えが浮かんで困る人の場合、裁判の場面を想像してみるのがよいでしょう。

私は、テレビ番組のジャンルで法廷ドラマが好きです。弁護士が主人公のドラマ、検事（検察官）が主人公のドラマ、裁判官（判事）が主人公のドラマとさまざまですよね。

自分を責める考えは、いわば自分が法廷

いじわるを言っている、ひどい!!
このはし わたる べからず
あー、親切だな はしは危ないから真ん中いこうっ
じ〜っ
モノゴト
違う見方はできないかな?

に立たされている被告で、自分を責める検事しかいない裁判を受けているようなつらさです。

ネガティブ思考は、有罪を立証しようとする検察側の言い分と思ってみてください。「同じミスをくり返すなんて、君は本当にダメ人間だ」「とんでもないことをした悪人だ」と検察官は悪いところばかりを指摘します。

しかし、通常の裁判では必ず弁護人もいます。弁護人は検察官とは視点が違い、被告人の正当な権利と利益を守ってくれます。

弁護人なら「このミスはシステム上の問題であって、多くの人が、このミスを起こしてしまう状況です。このミスは、この人の問題だけではありません」「ミスに気付

いた後も、その損害を小さくしようとすぐに連絡をし最善の処置をとっていました」「別の件では、他の人のミスをフォローしたこともありました」「この人は悪い人ではありません」といったようにあなたを弁護するでしょう。

弁護人の視点を持てば、自分を責めすぎず、よいところにも目を向けることができます。

ポジティブ思考を練習しよう

よかったことを書き出す「ぽじれん」

ポジティブな見方をしてバランスをとる習慣は練習で身につきます。その練習法として、1日の終わりに今日のよかったことを3つ書き出すという方法をお勧めしています。

ポジティブ心理学を提唱したアメリカのマーティン・セリグマン教授は「3つのよいこと（Three Good Things）」として、その日1日が終わって寝る前に、3つのよいことを書き出すことで幸福度が高まる可能性を示しました。私たちも不眠に効果があることを示しています。

「よいことといわれても、今日は一つもなかったよ」という人は、「宝くじで3億円あたった」とか、「豪華クルーズ旅行に行った」とか、「ゴルフでホールインワンをした」「3つ星レストランで食事をした」とか、めったに起こらないような非常に大きなよいことを「よいこと」の基準にしているのです。

これも考え方を変えれば、体調が悪くて食事ができない日などと比べると、当たり前にゆっくり食事ができたら、それだけでよいことと考えられるのではないでしょうか。たとえ3つ星レストランでなくてもそれはよいことです。豪華クルーズ旅行に行くのでなくても、家の周りを散歩できることは、健康と安全があってこその「よいこと」です。こうしたことは病気やけがが、災害などで失われてしまう可能性が誰にでもあるのです。このように極端に偏ったよいことを考える傾向のある人は、平穏な日常が失われるような悪いことを考えてみれば、その真ん中のバランスのよい考えができるようになります。

私は、心の健康づくりとして、5分間でできる認知行動療法の一つ「ポジティブな練習：ぽじれん」と名付け、この3つのよいことをさらに、①できたこと、②楽しかったこと、③感謝することというテーマに合わせて、その日1日にあった小さなよいことを書き出す方法をお勧めしています。

たとえば、Ａさんの「ぽじれん」はこうでした。

①できたこと「予定通りに、朝起きることができた」
②楽しかったこと「偶然見つけた動画が楽しかった」、
③感謝すること「同僚に仕事を手伝ってもらえた」

また、Ｂさんの「ぽじれん」は、このように書かれました。

①できたこと「本を10ページ読み進めた」
②楽しかったこと「変わった形の雲を見つけた」
③感謝すること「腰痛が軽くなった」

３つのよいことは、小さなことでもＯＫです。どんなことでもよいのですが、このようにテーマを３つ用意することで、なかなかよいことが見つけられないという人でも見つけやすくなると考えています。

書き出す方法にとくに決まりはありません。小さなよいことを思いついてアウトプットすることが大切です。適当なメモ帳とペンでかまいませんし、気分が上がるこだわりのノートと筆記用具でもＯＫです。スマホで入力するほうがなじむという人も増えてきています。

ぽじれんでＭＰを貯めよう

生活習慣は日常的にくり返すことが大切ですから、ぽじれんも継続してくり返し行ったほうが有効といえます。このぽじれんは、行うたびにポイントがたまっていきます。

ポジティブなことを見つけられたら、それに応じてポイントが付与されるのです。ですからよいことをどんどん見つけましょう。

３つのよいこと、ぽじれんと似た認知行動療法の技法で、ＭＰ法でいうものがあります。これは、Mastery（できたこと）とPleasure（楽しかったこと）の頭文字をとったもので、その２つを書き出すという

ものです。このMPという文字は、ミラクルポイントとか、冒険を進めていくRPGのマジックポイントのMPにも通じるものがあります。そのようなことから、このぽじれんでたまっていくポイントのことをMPと呼んでいます。

できたこと、楽しかったこと、よいことを見つけて、どんどんこのMPを貯めていきましょう。数字が増えていくイメージでもよいですし、ゲージやメーターが上がっていくイメージでもよいでしょう。このMPが貯まるほど心はしなやかに強くなっていきます。

生きていれば、どうしてもストレスは避けられません。そんなストレスに出会ったとき、このMPでそれを代償することができると考えてください。「自分には、MPが貯まっているんだ」、「ストレスに耐えることができるんだ」という自信につなげましょう。

「会社でミスをしてしまって、今日はすごく気持ちが落ち込んでいる。でも、自分には今までいろいろとよいことが起こっていて、たくさんMPがたまっているんだから一晩寝れば、また明日はよいことが起こるんだ」というようなイメージです。

落ち込んだ気分をMPを貯めて取り返すことも可能です。実際、落ち込んでいるときに、MPを貯める目的で、できること、楽しいことをやってみるのもよいでしょう。「推しのCMを見られてよかった」とか、「星空を見上げてみたらきれいでよかった」とか、「新作のアイスが未知の味で冒険を楽しめた」といった具合です。

このぽじれんとＭＰで大切なのは、バランスをとり、帳尻を合わせる考え方を身につけることです。人生ではストレスフルなできごとが続くときもあります。こうしたことをやってみることで、自然と物事を多角的に見たり、よい面を見ることが習慣になってきます。悪いことがあっても長く悩んだり、引きずってしまうくせが軽減し、つらい時間を減らすことができます。

成功体験を思い出せるように

ぽじれんとともに、過去の自分の成功体験をいつでもエピソードとして、思い出せるようにしておくのもよいでしょう。

過去の成功体験を自慢するなんて嫌だという人もいるかもしれませんが、米国人が相手を褒めるときに使うフレーズに、「I am proud of you.（私はあなたを誇りに思う）」があります。「自慢する」というとネガティブな言い方になりますが、「自分を誇りに思う」、「自分にプライドを持つ」という言葉にすれば、ポジティブな言い方になります。

成功体験というのも人それぞれでしょう。誰かと比べるものではないので、自分が「あれは成功だった」と思えるものならなんでもよいのです。たとえば「数学で100点をとったことがある」「徒競走で1位になったことがある」「読書感想文（あるいは絵画コンクール）で賞をもらったことがある」などを挙げる人もいるでしょうし、「ディズニーランドに行ったことがある」という人もいます。「ビジネスで大きな仕事を成功させたことがある」など、ほめられたことやうまくいったことならば、なんでもけっこうです。

また、自分基準で見て、写りのよい写真を用意しておいて好きなときに見られるようにしておくのもよいでしょう。これもやはり他人に見せるわけではないので、自分でそうだと思えればよいのです。プリントした写真でもスマホのなかにでも、そういう写真を用意しておいて「自分もなかなかやるな」「そこまで悪くないな」「常に最悪なわけではない」という感じで、自分を誇りに思うことができ、よい面を見られるようにしておきます。

考え方のくせに気づき、視点を変えるようにすると新しい見方ができ、ものごとには良い面もあると改めて気づかされます。

ポジティブ思考を心がけていると、だんだん上達してストレスを感じるようなできごとがあっても、必要以上に悩んだり、自分を責めたり、不安になったりしないで済むようになるでしょう。

柔軟な思考をさらに磨くレッスン

感情を100点満点で点数化する

なにかあるたびに自分が喜怒哀楽、快不快のような感情に振り回されすぎると悩んでいる人には、感情を100点満点で点数化してみることをお勧めします。それにより、感情を客観視でき、コントロールしやすくなります。

「メタ認知」という言葉があります。「メタ」は、「上の」とか「超えた」とか「高次の」といった意味で、自分の認知や感情、知覚などをさらに上から見て認知するということです。自分の感情を「メタ認知」するための点数化です。

なんともない穏やかな気分を0点、最も落ち込んでいる気分を100点とすると、今の落ち込んだ感情・気分は何点くらいに相当するか点数をつけてみるのです。

落ち込んでいると感じたときは「今の落ち込んだ気分は、100点満点でいうと60点くらい」と採点してみます。すると「1ヵ月前のトラブルのときは80点だった。それに比べればまだましだ」と憂うつな気分の強弱を比較することができます。また、落ち込んだ気分が60点もあるから、今日の仕事はここで切り上げ、早めに家に帰って好きなものを食べようとか、早く寝て心を休めようなどという判断基準にするのもよいでしょう。

不安も同じように点数化できます。不安がない状態を0点、最も強い不安を100点として、今何点と考えてみるのです。そうすると、「不安で不安で仕方ない」、「どうしようもない」と感じたときに、あらためて「100点満点で何点か」と冷静に点数化してみると「70点くらいの不安だ」と客観視でき、「先週は80点だったがなんとかできた。今回もきっとできる」と、ポジティブに考えやすくなるでしょう。

なお、同じできごとでも時間の経過で点数が変わってきたりします。最も知られているのは、恐怖を感じる状況です。恐怖を強く感じる状況でも、全く同じ状況が続けば、時間とともに慣れて点数が下がっていくという現象です。これは曝露療法の原理として知られており、犬恐怖症の人が柴犬を抱っこする場合、最初に抱っこを開始したときの恐怖の点数が100点だったとしても、ずっとそのまま抱っこを続けていると5分後、10分後には、恐怖の点数が90点、80点などと減ってきて、抱っこ開始から60分後には、20点くらいまでに下がり、柴犬がこわくなくなってくるという治療法です。

恐怖のほかにも、怒りのコントロール、アンガーマネジメントが必要な人にも役立ちます。「自分は今、怒りを感じているんだ、60点の怒りだ」と点数化することで、強い感情もコントロールしやすくなります。自分で「怒りの点数が80点を超えたら赤信号だから、その場を立ち去り、トイレにいって、一人で深呼吸をして、15分待って怒りを鎮める」というように基準を作って対処する練習にも役立ちます。

このように感情に点数をつけることで、その感情をコントロールしやすくなるのです。

注意のコントロール

今、この瞬間どこに注目しているか、なにを意識しているかを考えてみましょう。対人交流の場面に強い不安を感じる社交不安症の人の認知行動療法で用いられる方法ですが、注意を向ける先を意図的に移動させてコントロールする「注意トレーニング」です。

前にもお話ししたように社交不安症の人は、対人場面で「自分の顔が赤くなっているのを気づかれて、変な奴だと思われたくない」「自分の声や手がふるえているのを気づかれて、小心者と思われたくない」のような考えが強いため、自分の顔、声、手などの外見に注意が向いてしまいがちです。自分が相手からどう見られるかに注意が向いてしまい、相手がどういう様子かということには注意が向かないのです。

誰しも自分のことが気になると不安が高まってしまいます。自分に注意を向けることで、赤面、震え、体が硬くなるなどの身体反応もさらに強くなってしまうので、かえって逆効果で不安の悪循環につながりがちです。

そこで、社交不安症の治療では、自分にばかり向けられている注意をほかのものに向けてもらう練習をします。二人で相手と向かい合っているときに、「自分は相手からどう見られているか?」を意識してもらいます。これにより自分に注意が向いてしまう「注意の偏り」に気づいてもらいます。

さらに「自分は相手をどう見るか?」と能動的に「注意」を相手に向け、相手を観察してもらうようにします。相手を観察しようとすると、自分からは注意が逸《そ》れることになります。相手に注意を向けるとき、目を見るのが苦手という人は多いので目は最後にして、①髪、②耳、③口、④鼻、⑤輪郭《りんかく》のように、順番に注意を移していきます。まずは、①髪の色は黒なのか茶髪か、②耳は髪から出ているか隠れているか、③口髭《ひげ》ははえているかいないか、④鼻は高いか低いか、⑤顔の形は丸顔か四角い顔かなど、観察するポイントを決めておきます。また、目を見るときはメガネをかけているかいないかを確認するくらいでよいでしょう。顔の部分(パーツ)を一つひとつ順番に見て、次に顔全体に注意を向けるということもできます。

自分に注意が向いてはいけないというのではなく、自分に注意が向いても、それに気づいたら、また相手の顔や体、部分と全体のように注意を向けます。そうすると対人不安が減ることに気づきます。これが注意を柔軟にするトレーニングです。

相手を見るのがつらい場合は、部屋の様子でもよいでしょう。最初は部屋の①壁、②天井、③床、④机、⑤椅子のように、人ではなく物に注意を向けてもいいですし、形でなく、色に向けるのもありです。部屋を見渡しながら、①白、②黒、③茶、④青、⑤赤のような感じで注意を向けていきます。

視覚的な注意トレーニングに加えて、聴覚的な注意トレーニングもあります。音楽を聴くときに、注意を順番に、たとえば、①ボーカル、②ギター、③ベース、④ドラム、⑤ピアノのような部分部分を聴いて、その後、⑥音楽全体のように、注意をシフトさせていき、また①から⑥をくり返していきます。これによって、注意をバランスよく向けることができるようになります。

そして、人と話していて不安になったときも、自分の声のふるえや声の高さ、どもり具合などに注意を向けるだけでなく、相手の声の高さや言い間違い、話の内容などに注意を向けたり、部屋の外から聞こえてくる音に注意を向けます。

ラジオのアナウンサーになったつもりで、頭の中で実況するのもよいでしょう。「自分の目の前の椅子に座った人はすぐに腕組みをしました。水色の半そでシャツを着ています。髪は黒く短く、耳も大きい、鼻も高く、髭のない人で、黒縁メガネをかけています。大きな咳払いをしました」のような感じです。そのように頭の中で実況している間は、自分のことに注意を向ける余裕はありませんから実況する対象の人や物、自分以外のことに注意が向くはずです。

もしかしたら自分が緊張するように、相手も緊張している様子が相手の赤面や手や声のふるえからわかるもしれません。自分にだけ注意が向いていると、相手のそうした様子に気づくことができません。相手が緊張していると気づいたら、自分が緊張していても気が楽になりますよね（そもそも、人は緊張するのが当然で、人前で緊張した姿をさらしたって、全く問題はないのです）。

注意のコントロールができるようになると、いやなことや心配事が頭から離れないときに、注意を自分の頭の中から、外部の目の前の物に向けることで、心配もコントロールすることができます。同じことをぐるぐると考え続ける（反芻《はんすう》といいます）ことにまずは気づくようにして、気づいたら「今日はここまで」として、頭の中の考えから、目の前にいる人や物に注意を向けるようにするのです。ぼうっとしてつい考え

自分
どう見られているかな
私へんじゃないかな
注意が自分に向いていると不安に
他者
聴こえる音
部屋の様子
注意を向ける先を意図的にコントロールする

注意をコントロールする

事をしてしまうくせをやめて、目の前のことに全集中するのです。嫌なことや心配事ではなく、３つのよいことのように、今日あった小さなよいことのような違うことに注意を向けるのもよいでしょう。「このことはもう考えつくしたので、今日はもう考えても無駄だ。今から３つのよいことを考えよう」のようなやり方です。注意を向けるに値することはほかにもたくさんあるはずです。注意を偏らせず、バランスをとるようにしましょう。違うことに注意を向けている間に、事態が勝手に好転したり、救いの手が差し伸べられたり、別の考え方に気づいたりすることもあるでしょう。

ストレスをマネジメントする

ストレスを管理（マネジメント）するという意識は、非常に重要です。仕事でトラブル発生時のリスク管理をしている人は多いでしょうし、私生活でも、長生きできるように健康を管理しようとしている人や、災害に備えて防災の意識を高めている人も多いでしょう。

ストレス・マネジメントも同様で、日ごろから、ストレスフルなできごとがあったときに対処する方法を、あらかじめ用意しておきたいものです。

ストレス・マネジメントは、①ストレスに気づく、②ストレスの原因に対処する、③考え方、とらえ方を変える、④気分転換・リラクゼーションをする、⑤相談するという5つのステップからなります。

自分の気分が落ち込んでいるとか、不安で仕方ないというときは、自分のストレスに気づいて、その原因に対処し、もとから断つことができれば問題は解決です。

考え方、とらえ方を変えるのは、認知行動療法そのものですね。認知のくせに気づく、視点を変えて、違う考え方をする、ものごとのよい面を見る、考え方のバランスをよくする、必要以上に悩んだり、心配するのをやめる、自分を責めるくせをやめる、など、強いストレスを感じたときに、そのストレスの対処法として用いましょう。

リフレッシュできる気分転換もストレス・マネジメントの方法として普段から用意しておきましょう。ただし、先述したようにネット、ゲーム、ギャンブル、アルコール、たばこ、買い物、おいしいものを食べるなどによる気分転換は、手軽な反面、依存してしまうリスクがあることは十分意識しておきましょう。

リラクゼーションは、アロマ、お風呂、ヨガ、ストレッチ、瞑想など、副交感神経系が優位になるようなことも大事にしましょう。

一人でかかえ込まず相談することも大事です。とはいえ、相談も慣れないと簡単ではありません。相談が苦手な人は、日ごろから防災訓練のように、ストレスを感じたときは誰に相談するかを考えておき、まずは小さなことを相談してみましょう。

第5章

問題と向き合う力

人事異動で慣れない仕事、環境
昔からクラス替えとか苦手で…
決まった友達と一緒に過ごしたいタイプなんです
今度の職場はアウェイ感があるんです
ストレスが大きくて…
…
AWAY
おやおや…
まあ、確かにいつもホーム試合というわけにはいかないですもんね
HOME
そうですね
自分でもなんとかしたいとは思っていますが…
結局なにもアクションを起こせずに、同じことをくり返し考えて…
ますますつらく…
悪循環
長く悩んでいるとそれだけで心が疲れてしまうので…
納得のいく行動を選択しなくては
体力メーター
どうぞ
どうしたらいいんでしょう
認知行動療法にそった問題解決法を紹介します
考え方、とらえ方を変えるのに役立ちます
CBT
認知
問題解決の妨げ
ストレス・マネジメント
まず、問題は「人事異動で職場が変わって、なじめない」ですね
解決案をいくつかあげてみましょう
ハイ！
A：元の職場に戻してもらう
B：同僚に慣れるまでサポートを頼む
C：アウェイ感を受け入れて黙々と働く
ブレインストーミング

実際にやれるかどうかはさておき、いろいろな解決法があるんですね
客観的に視野を広く持つのも大事です
考えてみたら会社の人にも自分の人間関係があるんですね
Cの案のように受け入れるというと諦めるみたいな気がしますが…
私生活の仲間がいるから、職場で仲間のような関係は求めず
まぁいいか
仕事は仕事と割り切るという考え方も
ビジネス
私生活の仲間
人事部
もどして～
それが可能でベストならば
もちろん、元の職場に戻してもらうというのも一手です
ずっと悩み続けるのもよくないですが…
たいへんだ
体力メーター
衝動的に自暴自棄になって行動するのもよくありません
本当にいいの？
どうにでもなれ～
ペーン
退職願
メリットとデメリットを考えたうえで自分の人生をよりよくするアクションを考えていきましょう
OK
すみません慣れるまでサポートを…
メリット
デメリット
では、問題解決法を見てみましょう

ＲＩＢＥＹＥを身につけよう

問題解決法

ネガティブな考え方のくせを改善すると、ネガティブ悪循環から脱し、直面する問題に対し建設的に取り組もうとする気力を取り戻すことができます。本来の問題解決能力を発揮することができるようになります。

問題解決法としては、米国の思春期うつの認知行動療法であるジョン・F・カリー先生のRIBEYE（リブアイ）という方法をお勧めしています。RIBEYEとはリラックス（Relax）、問題の同定（Identify）、ブレインストーム（Brainstorm）、点数評価（Evaluate）、一つ選ぶ（Yes to one）、勇気をもって実行するのみ（Encourage）の頭文字をとった6つのステップから構成されています。ストレスフルな状況で目の前の問題に対して、解決案を2、3個自分自身で挙げ、メリット・デメリット分析を経て行動を自己決定する作業で、20〜30分程度の短時間で問題解決のためにとるべき行動計画（アクションプラン）を決めるスキルを身につけられます。

問題解決法のもう一つ大事なことは、くよくよと悩むのをやめられる点にあります。自分一人では解決できない問題について、それ以上くよくよ長く考えたりしなくてよいのです。くよくよと悩むことは、無駄に精神を消耗させ、ほかのことに前向きに取り組んでいくエネルギーを奪ってしまいます。

ＲＩＢＥＹＥの進め方

では、実際に問題解決のための練習をしてみましょう。

１ リラックスする、Relax

最初のプロセスはリラックスすることです。

これは、単純なようで非常に重要なことで、問題を前にして、不安でパニックになってしまっているとき、興奮しているときは、問題を解決できるようなよい解決案は

浮かんできませんし、冷静な判断もできません。まずは、心身ともにリラックスして落ちつきましょう。

例）・コーヒーやお茶を飲む
・深呼吸をする
・音楽を聞く
・ヨガやストレッチをする…

などなど

できそうなことは実際にやってみるとよいでしょう。

2 問題を同定する、Identify

「問題を同定する」とは、自分の問題がなんなのかを具体的に明確にするということです。

何がどう問題なのかを、自分に問いかけましょう。今一番困っていること、行動に影響していることはなんでしょう。書き出してみるとよいでしょう。

問題の例

「やり方がよくわかっていない仕事を、つい自分一人でやれますと言ってしまった」

３ブレインストーム（なんでもリストアップ）する　Brainstorm

その問題の解決法を考え、思いつく限りたくさん書き出していきます。一見バカバカしく思えるようなアイデアであっても、大丈夫です。思いつく限り書き出しましょう。この時点ではまだそれぞれの案を評価しないでください。

ほかの人の意見が役に立つようなら助けを求めましょう。

「実現するわけない」「ばかげている」などと、自分で自分の考えに制限をかけないようにしましょう。

例）問題の解決方法のリストアップ

①仕事の手順が書式化されたマニュアルがないか探してみる
②別の人にこっそり聞く
③会社を休む
　などなど

このほかにもいろいろ浮かんでくるでしょう。思いつくままに、自由にどんどん書いていきましょう。書き出して見ることも客観的な視点をもつことに役立ちます。

4 点数評価する　Evaluate

3で浮かんできたアイデアについて評価します。次ページのような表に書き出してみて、それぞれの解決方法を評価します。

まず、それぞれのアイデアのメリット、デメリットについて考えてみて、それも書き入れます。そして、各アイデアを点数化してみましょう。たとえば10点満点で、メリットについてはプラス、デメリットについてはマイナスで点数をつけ、表に書き込みます。その際、その解決策を自分が実行するところをイメージできるかどうかも点数に加味しましょう。このようにして点数をつけることで客観的な視点をもつことができます。また、数値化することでメリットとデメリットを比較してみることができます。

こうした手順に慣れていない人にイメージをつかんでもらうため、「100万円の花瓶を割ってしまった、どうしよう?」などの例題で練習してもらうこともあります。現実の問題よりRIBEYEの手順をイメージしやすいかもしれません。

問題解決法の例

「やり方がよくわかっていない仕事を、
つい自分一人でやれますと言ってしまった」

解決法の案	メリット	点数（プラス）	デメリット	点数（マイナス）
マニュアルを探す	・恥ずかしくない ・仕事を遂行できる	9	・マニュアルが見つからないかもしれない ・あっても最新事情が反映されていないかもしれない	6
別の人にこっそり聞く	・正しい手順を教えてもらえる	6	・業務手順を知らないことをその人には知られてしまう ・教えてもらえないかもしれない	8
会社を休む	・気が楽になる ・問題を先送りできる	1	・何も解決しない ・雇用にかかわる	9

解決法の案を思いつくままに書き出し、それぞれについてメリット、
デメリットを検討し、点数をつけ、比較してみる

5 一つ選ぶ　Yes to one

４のリストから解決法を一つ選びます。選ぶにあたっては、ひとつ前で行った評価の中のメリット（プラス）とデメリット（マイナス）の点数を参考にしましょう。そしてその選んだ解決法に自信を持ちましょう。

もっともメリット、デメリットの合計点が高かったのはどんなアイデアでしょう

例：仕事の手順が書式化されたマニュアルがないか探してみる

（メリット9点、デメリット－《マイナス》6点　得点3点）

6 実行するのみ　Encourage

問題解決のための行動を起こしましょう。勇気を出し、一つに決めた解決法を実行に移すのです。うまく行っても行かなくても、「貴重な人生経験を一つ重ねられた」「考えられるベストを尽くした」とチャレンジした自分を誇りに思い、自分に自信を持ちましょう！

なにか問題が起きたときに、くり返しこの問題解決法（RIBEYEメソッド）に沿って考え、活用することで、人生をよりよくコントロールできるようになります。

十分悩んだ、ベストを尽くしたと自信を持つ

ＲＩＢＥＹＥの６つのプロセスに従って、問題解決に挑戦したら、どんな結果が出たとしてもそれ以上くよくよすることはやめましょう。

そのときにできうるベストな行動をしたうえでの結果なのですから、これ以上悩んでも仕方がないのです。

学ぶことがあれば次回の問題解決に生かすようにしましょう。

大切なのは、自分の選択と行動に自信を持つことです。

ＡＣＴ受け入れるという試み

東洋的なアプローチ

ストレス・マネジメントでも、「相談する」は非常に重要な対処法です。本当につらいときは、自分一人で抱え込んでなんとかしようとせず、誰かに相談したり、専門家である精神科、心療内科のドクターの受診も検討してください。

さて、認知行動療法は効果がある科学的な心理療法・精神療法です。ここまで読んできた人のなかには、もしかしたら「考えを変える」という考え自体に、抵抗を感じた人もおられるかもしれませんね。

最近は、西洋的な価値観と東洋的な価値観の融合という流れの中で、瞑想の「今、ここにあるがまま」のエッセンスを伝えるマインドフルネスやアクセプタンス&コミットメントセラピー（Acceptance and Commitment Therapy：ＡＣＴ）という広い意味での認知行動療法も登場してきました。アクセプタンス&コミットメントセラピーは、アメリカの認知行動療法家、心理学者であるスティーブン・Ｃ・ヘイズ先生により、開発されました。

西洋科学哲学的なアプローチと東洋科学哲学的なアプローチが融和したアクセプタンス＆コミットメントセラピーをここで紹介します。これまで、ネガティブな考え方とポジティブな考え方のバランスをとること（あるいは、別の考え方を見つけること）を強調してきましたが、アクセプタンス＆コミットメントセラピーでは、まず、その名前にある通り、アクセプタンス（受け入れること）とコミットメント（自分の価値観に基づいて行動すること）を重視するものです。受け入れるとは、「ネガティブな考えや感情を受け入れる（アクセプトする）」ことです。

認知行動療法では認知の歪みを適応的なものに修正していくことを目指しますが、アクセプタンス＆コミットメントセラピー

ACT
Acceptance and Commitment Therapy

・受け入れて
・自分の価値観に基づいて行動する

ネガティブな感情も含めて、
あるがままを受け入れ、客観的な視点から
自身が取るべき行動を決定していく

（以下、ＡＣＴと略します）では修正することよりも、あるがままに受け入れて距離をとって客観的な視点から見ることを重視します。３つのコラム法で、考え方のくせに気づくために認知と感情を分析する方法を練習しましたが、ＡＣＴでは、認知と感情を受け入れて、観察することを重視します。

通常の認知行動療法は、自然を克服しようとする西洋科学哲学で考えを修正しようとするものですが、ＡＣＴは自然と共存しようとする東洋科学哲学的で、考えをあるがままに受け入れようとするものといえます。アプローチは違うように見えますが、ともに自分が苦しくなるような考え方をメタ認知的に取り扱う点は共通しています。

ＡＣＴはまずは、ネガティブな考えや感情をそのまま受け入れます。この受け入れるという考えがしっくりくる人はＡＣＴがよいかもしれません。

マインドフルネス—今その瞬間の状況をあるがままに受け入れる

ありのままに受け入れるという言葉は、マインドフルネスでも共通です。アメリカのジョン・カバット・ジン先生がヨガ、禅、瞑想を学び、ストレス低減のためのマインドフルネスを提唱しました。マインドフルネスは、今この瞬間の状況をあるがままに何にもとらわれず、評価をせずに、知覚して受け入れ、心を穏やかにする技法です。心のなかにあるがままの感情や考えの置き場所を作ってあげるイメージのＡＣＴ

のアクセプタンスの部分は、マインドフルネスと通じます。

ＡＣＴの６つの基本原則

ＡＣＴの専門家のラス・ハリス先生は、ＡＣＴを一般の人にもわかりやすく解説する著書を出版していますが、その著書のなかで、「心理的柔軟性が大きくなるほど苦痛をもたらす思考や感情に対して、より上手に対処できる」としています。

ＡＣＴは、以下のような６つの基本原則が知られています。

①認知的脱フュージョン、②アクセプタンス（受け入れること）、③今この瞬間（マインドフルネス）、④観察する自己、⑤価値、⑥コミットメント（実行）

①〜④まではアクセプタンスを詳しく

ACTの６つの基本原則

①認知的脱フュージョン
②アクセプタンス（受け入れること）
③今この瞬間（マインドフルネス）
④観察する自己
⑤価値
⑥コミットメント（実行）

この手順に沿って問題を分析、観察し、自身の行動を決めて行く説明し、⑤～⑥がコミットメントです。

ＡＣＴの後半２つの価値に基づいたコミットメントをするという点も、認知行動療法が目標（ゴール）を決めて問題を解決していこうとするところを上手に表現しています。

アクセプタンスしてみよう

１ 認知的脱フュージョン

フュージョンは「融合」という意味です。何と何が融合するのかというと、認知（考え）と現実が融合してしまうのです。認知的フュージョンは、「思考と現実の混同」のことです。私たち人間は、しばしば頭に浮かんだ考えを本当のことと信じてしまいます。これが、認知的フュージョン（思考と現実の混同）です。

たとえば、「飛行機が墜落する」という考えが浮かんだときに、それはただの考えであって現実ではないと思っているＡさんは、それほど恐怖を感じることはありません。現実ではないと言っても、未来予知は誰にもできないので、実際は、この後飛行機が墜落するかしないかは誰にもわかりません。そこは確率の世界です。Ａさんは思考と現実の混同がない、つまり認知的脱フュージョンができている状態です。

一方で、「飛行機が墜落する」という考えが浮かんだときに、それはもうただの考えではなくで、本当に起こる現実のことだと確信しているＢさんは、飛行機に乗ることをものすごく怖がります。Ｂさんは思考と現実を混同していて、認知的フュージョンが起こっているのです。Ｂさんは、認知的フュージョンが起こっていることに気づいて、Ａさんのように認知的脱フュージョンができるように練習する必要があります。

Ｂさんは、考えをありのままに受け入れるのだけれども、それが現実になるかどうかわからないということも受け入れる必要があるわけです。「飛行機は必ず墜落する」というような自分の判断を入れてしまってはいけないわけです。まずは、頭に浮かんでくる考えをそのまま受け入れ、フュージョンが起こらないようにするのが第一歩です。

２アクセプタンス（不快な感情を受け入れ、居場所をつくる「拡張」）

悲しみ、不安、怒りなどのネガティブな感情や関連したネガティブな考えを自分のなかに置いておきたくないからといって、全か無かにこだわって、完璧にゼロにしてしまおう、抑えつけてないものにしよう、自分の中から追い出そうと必死になることが、心のつらさを引き起こしているという考え方です。

こだわりを捨てて、悲しみ、不安、怒りなどのネガティブな感情のための居場所を作ってあげるイメージです。これこそがアクセプタンス＝受け入れるというＡＣＴの特徴で、これをラス・ハリス先生は「拡張」という言葉で表現しています。ネガティブな感情や考えはなくしたほうが幸せになれると思いがちですが、なくそうとやっきになるほど、幸せになりにくいということです。

Ａさんは心の余裕があり、Ｂさんは心の余裕がない、という言い方をすれば、悲しさ、不安、怒りのようなネガティブな感情にもいてもらえる心の余裕があるＡさんのほうが、幸せになれるということです。

たとえると、心の余裕がないＢさんは１Ｋの狭小住宅に住んでいるようなもので、誰を受け入れる余裕もありません。心の余裕があるＡさんを手本にして、６室の2階建てアパートに立て替えました。老後も安心です。1室は自分で住み、残る5室は、悲しみさん、不安さん、怒りさん、嫌悪感さん、不快感さんに居場所をあげて住まわせてあげることにしたら、だいぶ心に余裕ができましたという話です。

「柴犬を怖がって、店に入れない自分」のことを、「こんな自分は認められない」と全否定して目を背けるのではなく、「そのままの自分でいいから」と、まずは受け入れてあげるのです。ネガティブな感情と考えの存在を許してあげるところが重要なスタート地点です。

3 今この瞬間

マインドフルネスのことです。今この瞬間のありのままの状態に「接続（コンタクト）」します。

「今、この瞬間に感じているもの」をありのままに感じます。よいとか悪いとか、いっさいの評価や判断はしません。過去や未来は関係ありません。今この瞬間に注意を向けます。注意は、視覚、聴覚、触覚、味覚、身体内部感覚など知覚をしているようでもあり、また、どこにも注意が向かないようでもあります。そのままを感じます。

4 観察する（自己）

評価や判断をしないということは、ひたすらに観察するということになります。自分が知覚しているものを超越的に高次の位置からとらえるメタ認知です。

「店の前につながれた柴犬がいる」「自分と柴犬はおよそ10メートル離れている」というのは、「観察する自己」です。評価や判断をすることは、「思考する自己」です。

思考する自己は置いておいて、まずは、観察する自己に徹します。思考から離れ、事実だけをとらえる客観的な視点を持つのです。「柴犬は危険で、獰猛《どうもう》そうだ」とか「柴犬は自分が近くを通ったらとびかかってくるかもしれない」というのは「思考する自己」です。「思考する自己」が出てきたらダメということではなく、その思考も受け入れて、その思考する自己をさらに観察するのです。ひたすらに、判断、評価を入れずに、客観的に観察を続けることが広義のアクセプタンスにつながるのです。

コミットメントして行動につなげる

5 価値

「自分が何を大切に考えているか」という価値観を確認するところが非常に重要な作業です。客観的に事実を観察できるようになると、思考が柔軟になります。そのときに見えてきた自身が一番大切にしているもの（自分の価値観）を確認します。

ここでは、スウェーデンのＡＣＴの専門家であるトビアス・ラングレン先生のブルズ・アイの価値のエクササイズを紹介します。ブルズ・アイとは、ダーツの的のど真ん中の当たりのことです。

このエクササイズシートに沿って、自分の人生の価値観のバランスがとれているか、考えてみましょう。

Bulls《ブルズ》 Eye《アイ》 価値のエクササイズ

(PART 1) あなたの価値観と現状をとらえよう！

1. あなたの生活（人生）を以下の4つの領域に分けます。

それぞれの領域で、あなたの価値、あなたが大切にしたいと思うことを書き出してみましょう。これが正解というものはありません。ほかのだれかの価値観ではなく、あなた自身の価値観をもとに書くことが大切です。領域を超えて重複したものがあってもかまいません。

人間関係：＿＿＿＿＿＿＿＿＿＿＿＿＿＿＿＿

自分の成長（仕事・学業など）：＿＿＿＿＿＿＿＿＿＿＿＿＿＿＿＿

趣味・気晴らし：＿＿＿＿＿＿＿＿＿＿＿＿＿＿＿＿

自分の健康：＿＿＿＿＿＿＿＿＿＿＿＿＿＿＿＿

2. あなたの価値に沿って、今のあなたは、それぞれの領域で 0 ～ 100点のうちどの位置に立っていますか（どのくらい満足していますか）？

的の中心が100点満点の満足度で、的から外れると0点の満足度です。
あなたの現時点の立ち位置（現状）に○印をつけてみましょう。

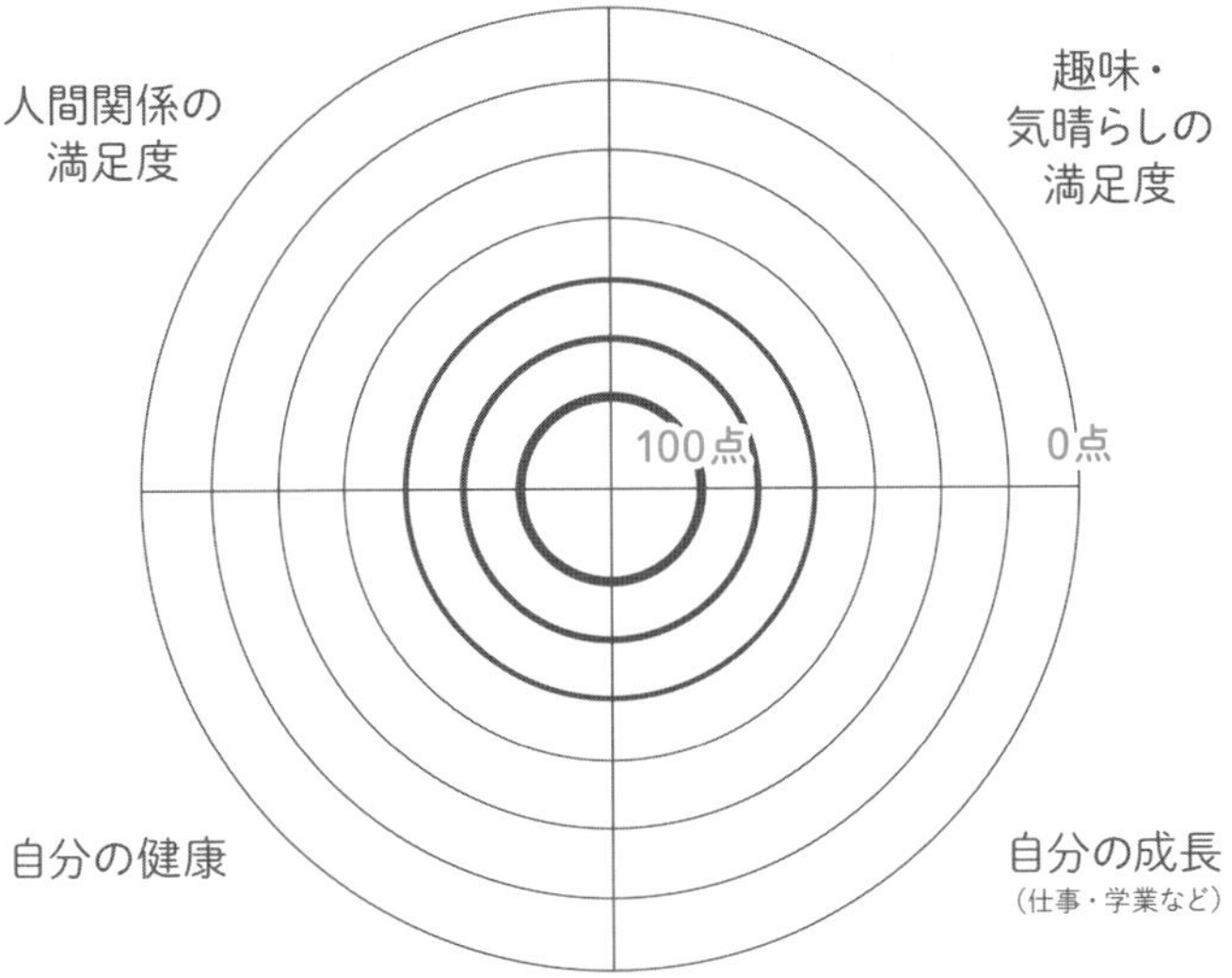

Bulls《ブルズ》 Eye《アイ》 価値のエクササイズ

(PART 2) あなたの価値に沿って、行動を起こそう！

3. あなたの価値の邪魔になるものは何？

的の中心から遠いところに○印がついた領域がありましたか？
その領域で、あなたの価値に沿っていない、満足の邪魔になっていると思うことを書き出してみましょう。

人間関係（仕事・学業など）：＿＿＿＿＿＿＿＿＿＿

自分の成長：＿＿＿＿＿＿＿＿＿＿

趣味・気晴らし：＿＿＿＿＿＿＿＿＿＿

自分の健康：＿＿＿＿＿＿＿＿＿＿

4. あなたの価値に基づいたアクション・プラン（行動計画）

あなたの価値に沿っていない、満足の邪魔になっていることを超える行動（アクション）を一つ考えて、書き出してみましょう。小さな一歩で良いので、その行動を起こせば、満足度が増えて、的の中心に近づいた、あなたの価値に沿った生き方につながります。

人間関係（仕事・学業など）：＿＿＿＿＿＿＿＿＿＿

自分の成長：＿＿＿＿＿＿＿＿＿＿

趣味・気晴らし：＿＿＿＿＿＿＿＿＿＿

自分の健康：＿＿＿＿＿＿＿＿＿＿

参考文献：Lundgren et al.,(2012). The Bull's-Eye Values Survey : A Psychometric Evaluation, Cognitive and Behavioral Practice 19 (2012) 518-526

このブルズ・アイ・エクササイズ書き込みシートに沿って書き込んでいくと、自身が人生で大切にしていること、価値をおいていること、そしてそれぞれのバランスを客観的にとらえやすくなります。

６目標に向かっての行動

先ほどのブルズ・アイの価値のエクササイズでも行ったように、自分にとって価値あるものを実現するための行動です。一つの解決案を勇気をもって実行するところは先に紹介した問題解決法のＲＩＢＥＹＥと似ています。

思考と現実を混同するような思い込みやこだわりを捨てて、ネガティブな感情や考えにも居場所を与えながら、今この瞬間を判断、評価せずに感じて、観察する自己に徹することで、物事を受け入れながら、自分の価値観を大事にして、その価値のために行動するということが、認知行動療法のエッセンスであるというのがＡＣＴの教えです。

認知行動療法とＡＣＴは、同じことについてそれぞれ別の見方をしているともいえます。

悪循環を断って、好循環につなげ、しなやかに生きる

受け入れて客観的に観察する

ストレスの大きいできごとにあったときの対処法を知らないと、感情の波にのまれてネガティブなことを考え、適応的でない行動をとってしまうかもしれません。ストレスを抱え続けて心が疲れ病気になったり、お酒やギャンブルなどの依存対象に手を伸ばしてしまったり、パニックを起こしてしまったりするかもしれません。しかし、そのことでより悪い状況に陥ってしまう悪循環だけは避けなくてはなりません。

イライラして腹の立つできごとがあったらどうすればよいでしょう。まずは「私は今、経験したことのないような怒りを感じている」といったん受け止め、心のなかに「怒り」という感情の置き場所を用意します。

感情を追い払ったり、抑えつけようとしたりせず、そのまま観察して（見守って）あげましょう。怒りという感情を感じていることをよいとか悪いとか評価したり、コントロールしようとすることもせず、ただ、今この瞬間に、自分のなかに怒りの感情

があるということを感じるのです。

「あんなひどいことを面と向かって言ってくるやつがいるなんて信じられない、なんて失礼なんだろう」という考えが浮かべば、ただその考えを受け入れましょう。「自分は、短気で、こんなに怒ってばかりいてはいけない」という考えが浮かべば、その考えも受け入れましょう。

客観的に観察した結果、自分の価値観はどこにあるのか、その人は自分の人間関係において大事な価値があるのか、自分の成長において大事な価値があるのか、といった見方をしましょう。

そして、価値に基づいたアクションで、「ほかの大事な人間関係を守るために、その人とは、以後、最低限の接触に留めて、なるべくつきあわないように距離を置く」という行動になるならば、そうすればいいでしょうし、「今後の自分の成長のためにも、その人には厳重に抗議をする」という行動になるならば、アクションを行いましょう。

問題解決のための第一歩として、まずありのままを受け入れ、次に、自分の価値観に基づいた行動をしましょう。

心の柔軟さを大切に

人間生きていれば必ずストレスはあります。強いストレスを受けた時に、役に立たない認知、感情、身体反応、行動の沼にはまって、悪循環から抜け出せず、うつや不安がひどくなって、つらさがどんどん悪い方向にいかないための方法を、ここまで一緒に考えてきました。

悪循環から抜け出すには、自分の偏りに客観的に気づいて、認知、感情、身体反応、行動のバランスを取り戻すことが重要です。

「もうダメだ」「自分はなんてバカなんだ」「誰も味方をしてくれない」というネガティブな考えが頭を支配しているときでも、一歩引いて客観的に観察してみると、意外とものの考え方、ものの見方があることに気づかされます。そういう考え方のバランス感覚を繰り返し練習して、習慣化していくと、心の柔軟さが養われていくでしょう。認知行動療法でいうところの認知の偏り、認知の歪みは、心の柔軟さの対極にある、心の硬さといえます。

固まってしまった考えや行動を柔らかくしなやかに変えることが重要です。なるべく心を柔軟に、しなやかに保って、自分の価値観にそった満足のいく生活を過ごすようにしていきましょう。

参考文献

『幸福になりたいなら幸福になろうとしてはいけない：マインドフルネスから生まれた心理療法 ACT 入門』
ラス ハリス著（2015 年 筑摩書房）

『ドーパミン中毒』アンナ・レンブケ著（2022 年 新潮社）

『ナイーブさんを思考のクセから救う本』清水栄司著（2022 年 ワニブックス）

『自分で治す社交不安症』清水栄司著（2014 年 法研）

■著者
清水 栄司（しみず・えいじ）
千葉大学大学院医学研究院認知行動生理学教授、医学部附属病院認知行動療法センター長、子どものこころの発達教育研究センター長。精神科医。1965年山梨県生まれ。1990年千葉大学医学部卒業。千葉大学医学部附属病院精神神経科、プリンストン大学留学等を経て、現職。専門は認知行動療法。精神保健指定医、日本精神神経学会精神科専門医・指導医、公認心理師。

認知行動療法でつくる 思考・感情・行動の好循環

2023年10月23日　第1刷発行

著　者　清水栄司
発行者　東島俊一
発行所　株式会社 法 研
〒104-8104　東京都中央区銀座1-10-1
http://www.sociohealth.co.jp
印刷・製本　研友社印刷株式会社

0103

SOCIO HEALTH
小社は㈱法研を核に「SOCIO HEALTH GROUP」を構成し、相互のネットワークにより、"社会保障及び健康に関する情報の社会的価値創造"を事業領域としています。その一環としての小社の出版事業にご注目ください。

ISBN 978-4-86756-017-4 C0077　定価はカバーに表示してあります。

乱丁本・落丁本は小社出版事業課あてにお送りください。

送料小社負担にてお取り替えいたします。